戦略の創造学

ドラッカーで気づき　デザイン思考で創造し　ポーターで戦略を実行する

Perceive, Design, and Execute

山脇秀樹

東洋経済新報社

to the memory of Richard E. Caves

はじめに

新しい市場の発展、そして小企業からＵＳスチールのような大企業への組織の発展・成長は、経済構造を絶え間なく改革していく産業の変化と同じプロセスを表している。すなわち、既存の古い構造を絶え間なく破壊し、新しい構造を創造していくプロセスである。この「創造的破壊（Creative Destruction）」のプロセスが資本主義の本質となる事実である。[†1]

——Joseph A. Schumpeter

私は１９７７年から今日にいたるまで、欧州と米国の大学・研究機関で教育や研究に従事してきました。ある時期にはビジネススクールのマネジメントにも携わってきました。

その間、特に１９９０年代はじめまでは、日本企業の海外市場への目覚ましい進出と追随するもののないほどの高い競争力に目を見張り、少なからず感嘆したものでした。ところが、

†1　Joseph A. Schumpeter, *Capitalism, Socialism, and Democracy* (New York: Harper and Brothers, 1942).

１９９０年代初頭に端を発した、いわゆる「バブル」の崩壊以降、日本経済は短期的な景気回復はあるものの、長期的には低成長を続けています。

　昭和の時代にあった製造業の発展と、それをもととするマクロ経済の高度成長の歴史が遠ざかり、その記憶が薄れるとともに、日本企業・経済のサクセスストーリーは今や昔話となっています。１９７０年代から１９９０年代はじめにかけて、世界中に畏怖の目で見られていた日本企業特有の経営慣行・モデルがその威力を発揮できなくなってきているというのが、今現在の正しい認識です。多くの日本企業がその存続と未来に向けて、成長のための新しいビジョンとそこへ到達するための戦略を模索している過程にあることは、疑いのない現実です。

　この本は、新しい時代にふさわしいビジョンと戦略を構築するために多少なりとも役に立つのではないかと考えられる、視点と概念を紹介します。

　私の学問の専門領域はミクロ経済学の応用分野である産業組織論と国際経済学です。経済学博士号（Ｐｈ．Ｄ．）を取得した後25年近くは、この領域で研究をし、講義を担当してきました。１９９５年に欧州から米国に移ってからは、産業組織論をその理論的基礎とする競争戦略論に領域を広げ、それ以来、競争戦略と国際競争の講義を担当しています。

　２０００年ごろのある日、ＭＢＡの講義で、ひとりの学生から質問がありました。

「新しい事業機会は、どうやって見つけるのですか？」

講義で、イノベーションは大事だからイノベーションを起こしなさいとあなたはいつもいうけれど、じゃあ実際、一体どうすればよいのですか、という本質とこちらの痛いところをついた質問です。

　経済学をその学問的基礎として、そこで展開される形式的な論理で講義をしてきた私にとっては、これはいわば青天の霹靂《へきれき》のような質問です。その場はなんとか切り抜けたものの、この質問で頭をガーンと強く叩かれたような衝撃を受け、新しいアイデアを創出する現場から直感的に学習しなければいけないと思うようになりました。

　そうした思いを抱えるようになって、２００３年の春にロサンゼルスのダウンタウンから20キロぐらい離れたパサデナという町にあるアートセンター・カレッジ・オブ・デザイン（Art Center College of Design in Pasadena 以下、アートセンター）を訪れ、イノベーションに実際に携わる人たちが、どのような作業を〝仕事〟として行なうかを学ぶことにしたのです。

　アートセンターは広告業界で成功を収めたエドワード・A「ティンク」・アダムス（Edward A. “Tink” Adams）の提案により１９３０年に創立された4年制の私立大学です。その理念は、実社会で通用するスキルをアーティストとデザイナーの学生に教え、卒業後に学生が現実の職場で指導的立場をとれるようにトレーニングするというものです。この理念は今でも貫かれ、実社会で活躍する各界のデザイナー、アーティスト、イノベーター、アントレプレナーが教授となり講義を担当しています。

概念・理論中心の座学に焦点を合わせるより、むしろ徒弟制度の精神に基づいてスキル習得のためのプログラムがカリキュラムに組み込まれているところが、他大学のデザインスクールと大きく異なっている点です。

アートセンター創立当初は広告・出版・工業デザインが主要な分野でしたが、現在までに、これらに加え、エンターテインメント・デザイン、環境デザイン、映画、写真と映像、プロダクト・デザイン、トランスポーテーション（乗り物）・デザインなどが学部レベルでの学科に加えられています。特に、トランスポーテーション・デザインの一領域である自動車のデザインでは、過去に多くの世界的に著名なデザイナーを輩出したことで有名です。また最近では、米国映画産業の集積の中心となるハリウッドが近くにあることからも、エンターテインメント・デザイン部門の卒業生が素晴らしい業績をあげています。工業デザインの分野でも多くのイノベーターが卒業生名簿に名を連ねています。

アートセンターのイノベーション・スタジオに参加した当初は、恐る恐る傍《かたわ》らから見学していたのですが、そのうちなんのことはない、デザイナーはデザイナーで我々マネジメント側と反対の問題を抱えていることがわかりました。

よいアイデアを創出するまではうまくいっても、それをビジネスモデルに落とし込んで、市場で成果をあげる戦略を構築するにはどうしたらよいのかよくわからない、というのが彼らが切実に抱える問題だったのです。マネジメント側は、イノベーションとクリエイティビティに

関心があり、デザイナー側では、ビジネスモデル、ファイナンス、組織の構築と戦略に関心があることがわかったのです。

　そこで、アートセンターの大学院レベルの工業デザインプログラム（Grad ID）と２００５年ごろから互いに抱える問題を解決するための案を考え、２００９年にはドラッカースクール(Peter F. Drucker and Masatoshi Ito Graduate School of Management）の経営学修士（ＭＢＡ）課程の学生とアートセンターの修士課程（MS in Industrial Design）の学生が共同でプロジェクト作業をするイノベーション・スタジオという科目をプロトタイプとして開講しました。

　このコースでは、新しい事業機会を見つけ、その機会を実現するためのビジネスモデル、戦略を考えるということを目的とし、一般的な「デザイン思考」を超え、アイデアを実現するためのビジネスモデル、戦略モデル構築に必要なツールを考え、それを具体化していく作業を学生に義務づけたのでした。このようなプロトタイプのコースを3年間実施した後、２０１２年に両校共同の学位プログラム、イノベーション・システム・デザイン（ＩＳＤ：MS in Industrial Design とＭＢＡが同時に取得可能）の設置にこぎつけました（図1）。

　イノベーションを起こし、アントレプレナーになることを目指すデザイナーがビジネス、ファイナンス、戦略モデルの構築、さらには組織の運営に関して種々の不安と課題を抱えているという事実は、何にも増して、**「デザイン思考」→「新しいモデル・戦略」→「良好な市場成果」という図式を達成するのは一筋縄ではいかない**という憶測に証拠を与えた、といっても過言で

図1　アートセンターとドラッカースクールの共同プログラム
（イノベーション・システム・デザイン〈ISD〉）

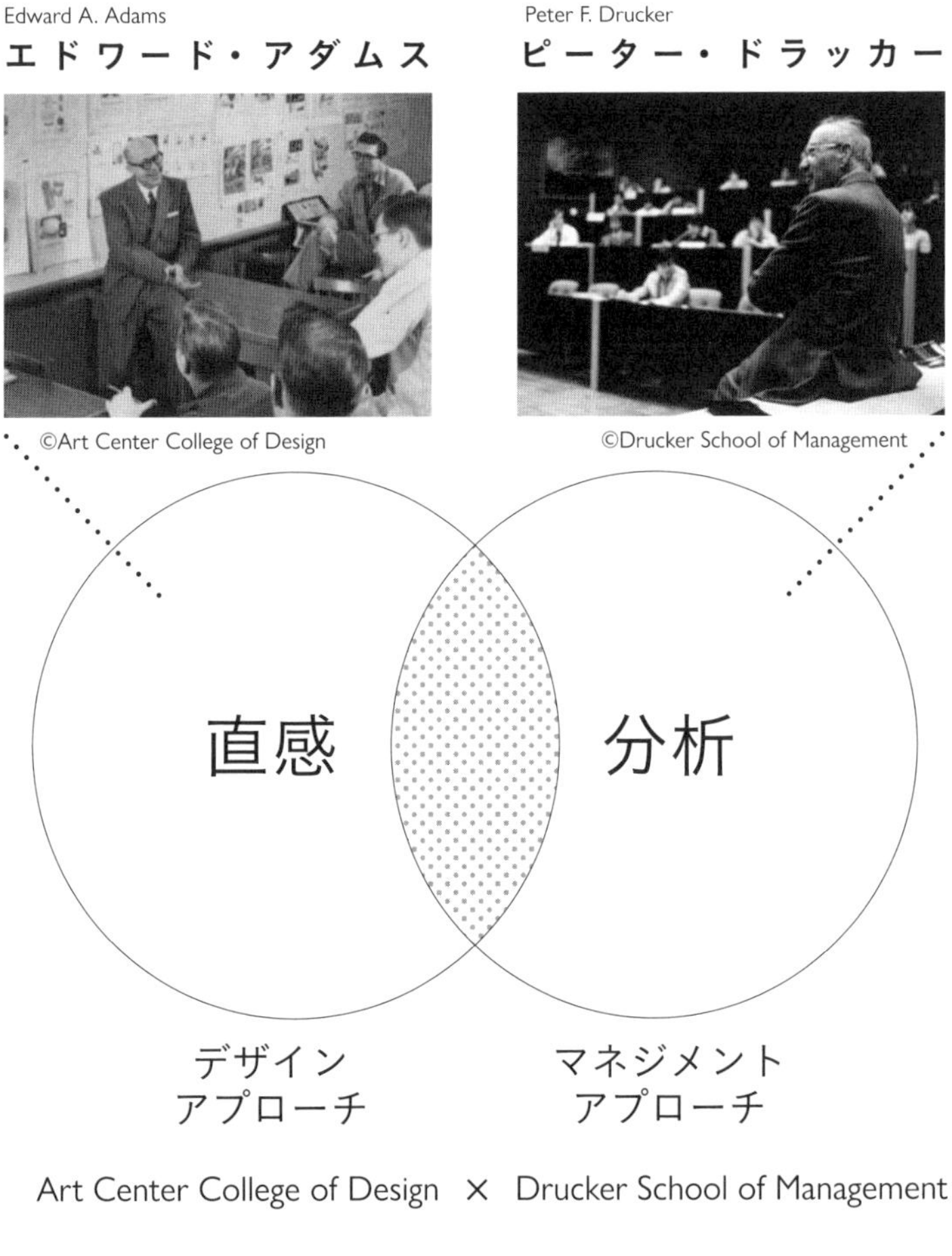

はありません。

言い換えると、アートセンターのような世界トップランクのデザインスクールで学び、経験を積み、「デザイン思考」をそのDNAとしたデザイナーにとっても、この図式が成立するためには、いくつかの補完的な要素と視点が必要となることがわかったのです。

この本は、2003年以来、私がアートセンターと共同で作業をする過程で学んだ点、あるいはその過程で考え出した概念を紹介することを目的としています。

けれども、この本の目的はデザイン思考そのものを紹介したり、解説することではありません。むしろ、**デザイン思考の概念とエッセンスを利用して、新しい企業モデルを構築する方法論を解説する**ことにあります。

具体的には、デザイン思考は新しいモデル構築のためのひとつの鍵となりますが、それだけでは目的を達成するには不十分です。そこで、不足するものを補完するマネジメント側の要素を2つ、デザイン思考と掛け合わせることにより「共感と未来を創る戦略モデル」を構築しました。アートセンターとドラッカースクールの共同学位プログラムでは、実際にこのモデルを多様なプロジェクトに応用しています。

具体的には、**①デザイン思考、②ピーター・ドラッカーのマネジメント、そして③経済学を礎《いしずえ》にする戦略論（有名なものはマイケル・ポーターの競争戦略論やチャン・キムらのブルー・オーシャン戦略）、この3つの思考からこの本で紹介するモデルは成り立っています。**この3

つの思考のうち、特にドラッカーのマネジメントと経済学を礎とする競争戦略については、すでに読んだり、聞かれたりしていることと思います。

また、比較的新しい概念のデザイン思考にしても、この数年の間に、耳にタコができるほど、「デザイン思考、デザイン思考」と耳にされているのではないかと推察します。繰り返しますが、この本は、デザイン思考の概念、その手法の包括的な解説をすることをその目的としていません。また、ドラッカーのマネジメント哲学の解釈をする本でもありませんし、ポーターをはじめとする競争戦略論を解説する本でもありません。

表面的には互いに相容《あいい》れないように見えるこの3つの思考を混ぜ合わせて、新しいマネジメントの視点と概念を紹介することが、この本の目的です。この3つの思考を組み合わせることによって、新しい世界観と意味を創り、それに基づいた目的とビジョンを達成するための戦略を構築していきます。

そして、デザイン思考についての書物をすでに読まれた方や、デザイン思考の初歩的講習を受けられた方でも、デザイン思考をどのように戦略モデルに組み込んでいこうかと考える際に役に立つと考えられる、いくつかの「気づき」を提示しています。

これもまた繰り返しますが、この本は、ドラッカーの書いた本を包括的に網羅し、その内容に解釈を加えることを目的としてはいません。その一方、「すでに起こった未来」とイノベーションに焦点を合わせ、ドラッカーの視点を「目的」と「ビジョン」を創るための糸口にして

いきます。言い換えると、**ドラッカーで「気づき」、デザイン思考で「創造し」、目的達成のための戦略を「実行する」**、がこの本の姿勢です。

　この本の前半、特にＣｈａｐｔｅｒ７までは、直感的、あるいは印象派的な叙述が多いことにみなさんは気づかれると思います。そこで紹介する例も簡単で極めて日常的な例となっています。

　その理由は、デザイン思考の本質——ものごとを消費者、顧客、訪問客、聴衆、散歩中の歩行者、あるいは中学生の目線から体験して、共感すること——の重要性を強調したかったためです。言い換えると、この本では、マネジメントにとって、**「企業の側」ではなくて「企業の外側」からものごとを観察し、洞察することが重要**と考えています。

　この本では、ドラッカーの著作をはじめとして、多くの書物・論文からの引用があります。すべての引用は、原書からの引用をその基本としており、邦訳の出版物がある場合でも、この本での引用は、原書で使われている言語から引用しています。

戦略の創造学
目次
Contents

Chapter 2

ビジネスの目的・使命・ビジョン 33

Chapter 3

観察から洞察へ 55

Chapter 1

なぜ、新しいモデルが必要なのか

今日の高利潤ビジネスは、明日の白象（無用の長物）になるだろう。[†1]

——Peter F. Drucker

デザイン思考、ピーター・ドラッカーのマネジメント、そして競争戦略。

なぜこの3つが重要で必要なのかをこの章では考えましょう。この3つは、もちろん時と分野を隔てて構築されたものですが、そのそれぞれの本質を紡《つむ》ぐと糸になり、その糸を織《お》ると普遍的な戦略モデルのキャンバスとなるのです。

日本が誇る「課題解決のための発想」とデザイン思考

まず、デザイン思考からお話ししたいと思います。

私は海外に生活の拠点を置いてから、すでに42年が経ちましたが、日本に戻るたびに街を歩き回り、そのたびにこれこそが日本の産業の強みだ、といつも感じることがあります。それは、日本には「課題解決のための発想」がいたるところで使われていて、それが生活に溶け込んでいる、という点です。

簡単な具体例をあげてみましょう。東京のような大都市でよく見ることができるのが、ビルの駐車場の入り口にある、駐車をしに来た車を乗せて回転するターンテーブルです。

敷地面積が広くとれる米国の駐車場ではまずお目にかかれません。敷地面積に制約がなければ、地面に車が駐車できることを示す線を引いて、簡単に大量の駐車スペースができます。駐

† 1　Peter F. Drucker, *The Ecological Vision* (Piscataway, NJ: Transaction Publishers, 1993).

車台数をさらに増やしたければ、もっと大きな敷地面積の駐車場をつくり、セルフパーキングにすればよいのです。ところが、敷地面積に絶対的な制約がある日本の大都市の駐車場では、奥行きのあまりない場所に上積み式に車をリフトで上げて駐車スペースを確保せざるを得ません。さらには、駐車場の入り口が狭いので、ドライバーにとっては出し入れの際に、切り返して方向転換をする必要があります。これはかなり難しい。そこで、ターンテーブルがこのドライバーの切り返し問題を解決してくれるわけです。

日本を訪れる海外からの旅行客、いわゆるインバウンドがこの数年増加してきましたが、その人たちの間でも重宝がられているのが、Ｓｕｉｃａ（スイカ）やＰＡＳＭＯ（パスモ）のような交通系ＩＣカードです。もちろん、これらのプリペイドカードは外国人旅行者のために開発されたわけではありませんが、利便性が高いけれどとても複雑な日本の交通機関を外国人旅行者が利用する際には、すごく便利で効率的なものとして受け入れられています。

乗客がＩＣカードをパスケースに入れたまま自動改札を通過する速度と、切符で自動改札を通過する速度、さらには大昔のように改札に駅員さんが立ち、パンチで切符に穴を開けてもらい通過していたころの速度とを比べてみてください。いかに早打ち自慢の凄腕駅員さんでも、ＩＣカードでタッチしての通過速度に勝てる方はいなかったのではないでしょうか。ということは、ＩＣカードと自動改札の普及は、ラッシュ時の改札通過渋滞を大幅に緩和し、流れをス

ムーズにし、乗客の改札通過時の痛みを軽減しました。改札を通過するという体験を大幅に向上するのに大きな貢献をした画期的なアイデアといっても過言ではないでしょう。

また、ＩＣカードを使うことによって、乗り換え・乗り越しなどによって生じる精算の手間が大幅に省けるようになったことも事実です。この点は特に、勝手のわからない外国人旅行者の日本での公共交通機関の使用体験度を高めるのに役立っています。

交通機関の例が出たので、もう1例です。日本に行ってまず気づくことのひとつは、駅のトイレ、町の公共トイレが最近は改装が進みとても清潔になったことですが、それよりさらに驚くのは、駅の中にトイレがたくさん設置されていることです。

世界の都市を見回しても、こんなに公共のトイレが多い国はほかに類を見ないのではないでしょうか。このこと自体もすごいのですが、男性用トイレには傘を掛けるフックが個別についていることなどにいたっては、脱帽です。雨の降る日に傘を持ってトイレに行くと、まず困るのが、どこに傘を置くかです。立てかけても倒れる場合が多いし、かといって抱えるとシャツが濡れてしまうわけです。ユーザーのこの痛みを解決してくれるのが、便器の横に取りつけられた小さなフックです。ここに傘を掛ければ、安心して用を足すことができて、ユーザーの体験度が高まるのです。雨の話のついでに、日本で目を見張るものに傘置きがあります。

ちなみに、かつての麻布《あざぶ》龍土町《りゅうどちょう》にある国立新美術館の傘置き場（図2）は、傘を置きやすく、手に取りやすく円形に見事にデザインされています。こうした例は、おそらく氷山の一角にすぎず、日本の大都市を1時間も歩けば、簡単に観察できる例です。

そして、これらの例はユーザーの痛み・悩みに共鳴し、その痛み・悩みを解決するための案を「デザイン」したことによってつくり上げられた成果だといえるでしょう。

このような歩行者レベルではなく、**産業・企業レベルの「問題解決のための発想」**はここであらためて書く必要のないほどよく知られているリーンシステム、さらにジャスト・イン・タイム（ＪＩＴ）生産システムがあります。日本の製造業、特にトヨタ自動車が代表する自動車産業において開発・改善され、製品開発に要する時間を短縮し、生産性の向上に大きく貢献してきました。

これらは米国と違って土地が狭く、さらに１９５０年代から１９６０年代の日本経済が置かれた経済、技術、雇用上の制約条件のもとで、生産性を高め、コストを下げる一方で品質を高めるという問題に対する解決案だったのです。ある制約条件のもとで直面する課題を解決するための正解を出していく力は、日本の産業が誇る能力といっても過言ではありません。

海外からの訪問者の目線で簡単に、そして数多く観察できる日本特有の「問題解決のための発想」はとても新鮮ですし、その発想に基づく解決策はうまく機能していると思います。もち

ろん、これらの例は歩行者が気づくレベルの単純な「問題解決のための発想」にすぎません。けれども、ここであげた例に共通していることは、ユーザーの視点に立って、その痛み・悩みに共感し、それを解決し、ユーザーの使用体験度を高めるのに貢献していることではないでしょうか。

　読者の方の中には、ここまで読むと、そうか、日本には最近流行りのデザイン思考のエッセンスが深く根づいているのだ、と思われる方も多いのではないでしょうか。

　この15年ぐらいの間に、イノベーション、システム、ビジネス・プロセス、新事業開発に応用できるビジネス向けのツールとして、欧米で脚光を浴

図2　国立新美術館傘置き場

び出した思考・概念にデザイン思考があります。[†2]

日本でも、デザイン思考の概念を構築し体系化した米国のスタンフォード大学のデザインスクールが編纂したAn Introduction to Design Thinking PROCESS GUIDEが紹介されており、その翻訳版である「デザイン思考　5つのステップ」(柏野・中村訳)[†3]、あるいはデザイン思考を簡潔そして的確に解説した本[†4]をお読みになった読者の方もいるかと思います。

日本で幅広く行なわれている消費者・ユーザーの視点からの「問題解決のための発想」は、「デザイン思考」と共通している点があります。日本には時代を超えて綿々と培われてきたユーザーの視点からの「問題解決のための発想」が産業・社会で使われているのにもかかわらず、**なぜ今さら、海外発の「デザイン思考」の概念に着目する必要があるのでしょうか？**

逆にいうと、日本で培われてきた「問題解決のための発想」が産業・社会で日常的に観察できる一方、なぜそれが企業の新しいモデルの構築に直接的に結びついていないのでしょうか？

つまり、日本には日本独自の誇るべき強みがあるにもかかわらず、それがうまく活かされていないのではないか、それを活かすためにはどうしたらよいのか、そして、デザイン思考はその目的のために役に立つのだろうか、と

†2　たとえば、Tim Brown, *Change by Design: How Design Thinking Transforms Organizations and Inspires innovation* (New York: Harper Business, 2009); Roger Martin, *The design of Business; Why Design Thinking is the Next Competitive Advantage* (Boston, MA: Harvard Business Press, 2009); Thomas Lockwood (ed.), *Design Thinking: Integrating Innovation, Customer Experience and Brand Value* (New York: Allworth Press, 2009); Tom Kelly and David Kelly, *Creative Confidence: Unleashing the Creative Potential Within Us All* (New York: Crown Business, 2013).

†3　スタンフォード大学ハッソ・プラットナー・デザイン研究所著、一般社団法人デザイン思考研究所編、柏野尊徳・中村珠希訳「デザイン思考　5つのステップ」。

†4　たとえば、Jeanne Liedtka and Tim Ogilvie, *Designing for Growth: a design thinking tool kit for managers* (New York: Columbia Business School Publishing, 2011); 佐宗邦威『21世紀のビジネスにデザイン思考が必要な理由』クロスメディア・パブリッシング、2015；中野明『超図解「デザイン思考」でゼロから1をつくり出す』学研マーケティング、2015。

いう問いが浮かび上がります。

国際市場における日本企業の栄枯盛衰と企業・競争戦略

次は企業・競争戦略について述べます。

なぜ、それが重要かを述べるために、少し回り道となりますが、1960年代から1990年代の日本企業の成功要因を振り返ってみましょう。日本の製造業が高度成長を成し遂げた要因は内外の数多くの研究者・実務家が叙述していますので、ここでは簡潔に紹介するにとどめておきます。

たとえば、日本に特有の経営慣行・企業モデルを成功の主要な要因とあげた研究は多く見受けられ、特に日本企業のモデルが欧米企業のモデルといかに違うのかを記述し、その違いが競争上の優位性の違いとなることを明らかにしてきました[†5]。

日本と欧米企業モデルの違いは具体的な経営慣行、製品開発プロセス、あるいはイノベーションのプロセスの違いによって浮き彫りにされてきました。

すなわち、リーンプロダクション、ジャスト・イン・タイムの在庫管理[†6]、終

†5　James C. Abegglen and George Stalk, Jr., *Kaisha: The Japanese Corporation: How Marketing, Money, and Manpower Strategy, Not Management Style, Make the Japanese World Pace-Setters* (New York: Basic Books, 1985); Masahiko Aoki, "Horizontal vs. Vertical Information Structure of the Firm," *American Economic Review* 76 (1986); 971–983; Masahiko Aoki, "Toward an Economic Model of the Japanese Firm," *Journal of Economic Literature* 28 (1990); 1–27.

†6　James P. Womack, Daniel T. Jones, and Daniel Roos, *The Machine that Changed the World: The Story of Lean Production* (New York: HarperCollins, 1991); Kim B. Clarke and Takahiro Fujimoto, *Product Development Performance Strategy, Organization and Management in the World Auto Industry* (Boston: Harvard Business School Press, 1991); Takahiro Fujimoto, *The Evolution of a Manufacturing System at Toyota* (New York: Oxford University Press, 1999).

身雇用制、年功序列、ジョブローテーション、オンザジョブトレーニング、スキル育成、企業内労働組合などを含む労働管理・人的資源形成、[†7] 製品開発プロセスと知識のマネジメント、[†8] イノベーションと長期的な目標設定とそれを達成するための研究開発（Ｒ＆Ｄ）活動、[†9] メインバンクを軸としたスクラム型の企業グループの存在とグループ内企業の協業関係、[†10] そして、中小企業と下請け企業の役割[†11]がその主要な要因としてあげられました。

　１９６０年代から１９９０年代はじめにかけての、大きな断続がなく持続的に成長した市場、そして破壊的な技術革新がほとんどない確実性の高いビジネス環境において、日本企業のモデルはまさにその真価を発揮し、特に機械・電気機器・自動車といった製造業で世界市場を席巻したのは周知のとおりです。

　このような環境において、日本企業の多くは、自己の経営慣行・モデルを継続的に改善し、その競争優位性を高めていったのでした。特に、洗練された組立型製造業が日本企業の競争力の代名詞となり、ユーザーと消費者が欲する幅広い製品モデルを素早く開発し市場に出し、そしてひとつの製品からほかの製品へ需要が移っても、いち早く新製品を市場に提供することで、その優位性を確立していきました。このため、絶え間ない改良・改善に基づく

†7　James C. Abegglen and George Stalk, Jr., 1985, op. cit.; Kazuo Koike, *Understanding Industrial Relations in Modern Japan* (London: Macmillan Press, 1988).

†8　Ikujiro Nonaka and Hirotaka Takeuchi, *The Knowledge-Creating Company* (New York: Oxford Univrsity Press, 1995).

†9　Richard S. Rosenbloom and William J. Abernathy, “The Climate for Innovation in Industry: The Role of Management Attitudes and Practice in Consumer Electronics,” *Research Policy* 11 (1982); 209–225; Hiroyuki Odagiri and Akira Goto, *Technology and Industrial Development in Japan* (Oxford: Oxford University Press, 1996) ; Abegglen and Stalk, Jr., ibid.

製品の質の向上とコストの削減を同時に達成するためのイノベーションに焦点が合わせられたのでした。

日本企業を取り巻くビジネス環境は加速度的な技術変化、それにともなうグローバル競争の激化により、特にこの15年間で大きく変化しました。もちろん、日本企業もこうしたビジネス環境の変化に対応・適応するために、緩やかにではあるものの、変化を遂げてきています[†12][†13]。

昭和の経営慣行とも呼べる日本企業特有の慣行（特に、終身雇用制、年功序列、企業グループの重要性、グループ内の企業間取引など）の重要性がこの20年間で著しく衰退したのは事実です。

その一方で、日本企業特有のモデル、すなわち企業は絶え間ないプロセス・イノベーションによって高品質と低コストを両立する、いわゆる「良いものを安く」主義は、従来のまま受け継がれているように見受けられます。このモデルが成功するための鍵となる仮定は、絶え間ないプロセス・イノベーションで効率性を継続的に高めていく、ということです。実際、この仮定は１９６０年代から１９９０年代はじめにはたしかに検証され、日本企業のモデルは市場で見事な成功を収めました。

ところが、この15年間のグローバルな競争においては、日本企業のコスト

† 10　今井賢一「企業グループ」今井賢一・小宮隆太郎編『日本の企業』東京大学出版会、1989; Hiroyuki Odagiri, *Growth Through Competition, Competition Through Growth: Strategic Management and the Economy in Japan* (Oxford: Oxford University Press, 1992).

† 11　Richard E. Caves and Masu Uekusa, *Industrial Organization in Japan* (Washington, D.C.: Brookings Institution, 1976).

† 12　新しいモデルで事業展開をする日本の企業が増えてきた現状を反映し、2016年から3年の間に、日本の企業やブランドの事例を使うハーバード・ビジネススクールのケースが増えつつあります。たとえばアシックス、富士通、Grow/IGS、リクルートホールディングス、ソニー、ホンダジェット、LIXIL、MUJI、ラクスルなどです。

† 13　Hideki Yamawaki, Hiro Motoki, and Kayo Hirai, "In Search of New Competitive Advantage: Japan's Local Firms in Sustainable Business," in David B. Audretsch, Albert N. Link and Mary L. Walshok (eds.), *The Oxford Handbook of Local Competitiveness* (Oxford: Oxford University Press, 2015) は日本企業による新しい試みの実例を紹介しています。

を下回る低コストの企業が参入するとともに、日本企業が誇る品質とコストの最適化による競争優位性モデルを根底から揺るがし、さらにはこの長年にわたり培ってきたモデルを無意味なものにするような破壊的な技術革新が多く登場することになったのです。

日本企業が、特に1970年代から1990年代を通じて実行してきた**「良いものを安く」戦略は、日本企業が置かれている現在の状況にふさわしい戦略なのでしょうか。**あるいは、**今後も持続可能な戦略なのでしょうか。**言い換えると、この戦略によって日本企業が達成できる目的、ビジョンはなんなのでしょうか。このような観点から、企業戦略、そして競争戦略の礎をいま一度考え直す必要があると思います[†14]。

この章の冒頭に紹介したドラッカーの引用の原文はToday's profitable business will become tomorrow's white elephant. です。すでにご存知の方も多いかと思いますが、実はシュンペーターの「創造的破壊」の含意を表したものなのです。「イノベーションは破壊的創造を意味する。イノベーションは昨日の設備・機械そして資本投資を陳腐化する。経済が進歩すればするほど、より一層の資本形成が必要となる。それゆえに、エコノミスト、あるいは会計士さらに、株式市場は、『利潤』を純粋な費用と見なす。言い換えると、ビジネスを継続し

†14　日本企業の“戦略”についての批判については、Michael E. Porter, “What Is Strategy?” *Harvard Business Review*, 74, 1996とMichael E. Porter, Hirotaka Takeuchi, and Mariko Sakakibara, *Can Japan Compete?*（London: Macmillan, 2000）を参照してください。“もの造り”の観点から戦略を議論する文献としては藤本隆宏『日本のもの造り哲学』日本経済新聞社、2004を参照してください。

ていく上での費用すべてが、予測不可能な将来のための費用なのである。唯一予測できるのは、今日、利潤を得ている企業は、明日、無用の長物になるということだ[†15]」。

つまり、今日利益をあげている企業はその利益をイノベーションに投資し、将来に備えなさいという含意です。本書で導入する戦略では、静学的な競争戦略ではなく、ダイナミックな戦略を考え、この未来への投資を重要な要因と見なします。

目的・ビジョンとドラッカーのマネジメント

ピーター・ドラッカーがかつて予見した知識社会が成熟し、そこで働く知識労働者、ひいては創造力の高い人材への投資が企業の市場成果を左右する重要な要因となります。特に、グローバルな市場で多国籍企業と競争する日本企業にとってはグローバリゼーションに対応できる人材の確保が成功への重要な鍵となってきています。

同時に、グローバル時代の顧客は多国籍であるばかりではなく非常に多様であり、そのニーズを的確に判断することは、企業にとっては一層難しい課題となってきています。グローバルな競争に後れをとった企業の事業展開は後手後手に回る追従型に陥り、国際競争力を誇る企業でさえもその競争力をいつまで維持していけるのかがわからない状況に陥っています。そして、

†15　Peter F. Drucker, *The Ecological Vision* (Piscataway, NJ: Transaction Publishers, 1993).

グローバルなビジネス環境は絶え間なく変化し続け、その技術革新の変化率は未曾《みぞう》有の速度で上昇しています。

　このようなビジネス環境におかれた一部の日本企業は、往々にしてその場、その場を切り抜ける仕事に追われ、自己の「目的」と未来への「ビジョン」を指針として、その目的に向かうための行動をとる時間と余裕がなくなってきているように見受けられます。

　時間と余裕がないだけではなく、それをあまり深く考えていないような状況ともいえるかもしれません。

　かつてドラッカーが「人口1人当たりに換算すると、自分の本を一番読んでいる国は日本だ」と私に教えてくれたことがありましたが、企業の「目的」と「ビジョン」については、いま一度、みなさんにはここで、ドラッカーの本からの学びを思い出していただきたいと思うのです。

　競争に勝つための戦略、戦略といっているうちに、なんのための戦略だか忘れてしまったこともあるのではないでしょうか。あるいは、最初から目的とビジョンがないままに、戦略を立てて戦っていないでしょうか。ふと気がついたら、なんの目的のために戦っているのかわからなくなってしまった、という状況を思い出す方も少なくないかもしれません。戦略は、目的とビジョンがあってはじめて、その意味があるのです。

　ですから、ドラッカーの原点に少しでもよいから戻ってみるのも無駄ではないかもしれません。

決められた課題に答えを見つけるのか、課題自体を見つけるのか

さて、先に述べたようなユーザーが日常感じる細かな痛み・悩みは、その悩み解決のための課題がはっきりとしています。もちろん優れた解決策に到達するためには長時間の作業と試行錯誤が必要となります。しかし、多くの場合、特に新しい事業機会の創造の場合には、課題すらわからない場合が往々にしてあります。

取り組むべき大きなテーマはわかっていても、新しい事業機会の創造のための糸口がなかなか見つからない、という状況です。厄介なのは、すでに決められた課題の答えを出すのではなくて、その課題を新しい視点から再定義することが、往々にしてイノベーションへの大きなステップとなることです。

筆者は過去4年間毎年、日本の大学生を指導する貴重な機会をもちました。このクラスでは1年生から4年生が混成でグループを組み、新事業開発のための課題を見つけ、その課題解決のためのアイデアを創出し、そのビジネス・コンセプトを構築することが、学生に課せられた作業です。そこで、毎年、学生に聞かれる質問があります。

「課題はなんですか？」

ビジネスの世界では、課題がすでにあり、それに対する解決策を考えるケースが多いのですが、それと同じような思考が学生の間にもすでに見受けられるようです。

明治維新直後の日本の近代化、そして殖産興業《しょくさんこうぎょう》の政策において常にとられた方向は「欧米の先進国に学べ」でありました。第二次大戦後の復興から高度成長期においても「追いつき、追い越せ」のスローガンのもとで、日本企業はフロントランナーであった欧米企業の既存の技術・製品を改良・改善・小型化し、プロセス・イノベーションを通じて生産性を高め、ひいてはコストを下げる努力をしてきたことは、すでに述べたとおりです。

このように、日本では、明治維新以降、昭和、そして平成にいたるまで、広いテーマで課題を考える必要がなかった、といえるのです。広いテーマでの課題設定はフロントランナーの欧米企業が行ない、それを改善・改良していくための細かいテーマの課題を日本の企業が考えればよかった時代だったのです。

ところが、日本の企業が多くの欧米企業を、特に製造業の分野で追い越しフロントランナーになったころから、大きなテーマで新しい意味を提供するイノベーションを起こすことに不慣れな経営者は先を見通せなくなってしまった、といえるのではないでしょうか。ですから、本書のもうひとつの目的は、課題を見つけるための姿勢をいま一度考えてみることにあります。

Chapter 2

ビジネスの目的・使命・ビジョン

未来について我々が唯一知っていることは、
それは現在とは違うということだ。[†1]

——Peter. F. Drucker

読者の中には、すでにスタンフォード大学のデザインスクールが生み出した方法論に基づいたデザイン思考を学んだ方、あるいはデザイン思考を実際に使ってみたことがある方も少なくないと思います。

アートセンターとドラッカースクールのプログラムで教えるデザイン思考も、スタンフォード・デザインスクールの方法論と原則的には重複している部分が多いといえます。

大きな違いは、私たちのプログラムではデザイン思考のみを教えるのではなく、デザイン思考をいかにマネジメントに取り込むのか、あるいはデザイン思考を実際のビジネスに役立てようとする場合には何が欠けているのかをマネジメントの視点から考える点だと思います。

デザイン思考の手法を導入するより以前に重要な点は、まずビジネスの軸足を決めることです。すなわち、**自分たちのビジネスの目的と使命は何か、そして将来に向けたビジョンは何か**を考える必要があります。

†1　Peter F. Drucker, *Management: Tasks, Responsibilities, Practices* (New York: Harper & Row, 1973).

ビジネスの目的（Purpose）と使命（Mission）

What is our business?†2

——Peter F. Drucker

私たちのビジネスは何か、というフレーズはドラッカーの *Management*（邦訳は『マネジメント』）を読んだ方はもちろんのこと、読まれていない方でもどこかでお聞きになったことがあると思います。ドラッカーは、**ビジネスとは、顧客がある製品あるいはサービスを購入して充足する、その顧客にとってそれまで欠乏していたもので定義するべき**、といっています。

ですから、What is our business? という質問はビジネスをその「外側」から、言い換えると、顧客の目線で見た場合にのみ定義できることになります。顧客が見て、考え、信じ、そして欲するものは、いつでも客観的な事実として経営者は受け入れなければならない、というのがドラッカーの主張です。

そして、**特に企業が苦境に立っているときこそ、この問いかけをしなさい**、と勧めます。簡単な言葉に置き換えると、苦境に陥っているときに、自分たちを振り返り、「一体私たちは何をやっているのだろう？」と問いかけるのです。

その一方で、**この問いへの答えは、長きにわたり有効である稀な例もあるけれども、長くて**

†2　Peter F. Drucker, 1973, op. cit.

10年もてばよいほうだともドラッカーはいっています。なぜならば、ドラッカーが考えるシュンペーターの創造的破壊の世界では、既存の資本投資、あるいは現代における産業モデルが、長くても10年の間に起こるイノベーションにより陳腐化してしまうからです。

ドラッカーがこの点に言及したのは１９７３年ですから、技術革新のスピードがもっと速い現在では、10年など到底もたないかもしれません。ですから、What is our business? と問うのと同時にWhat *will be* our business?（私たちのビジネスは何になるだろう？）とも問うべきだとドラッカーは示唆します。

そして、この問いの後に答えなければいけないのが、What *should be* our business?（私たちのビジネスは何になるべきか？）の問いです。これらの問いに答えられない、あるいは答える準備ができていない経営者、そして企業は、イノベーションが絶え間なく起きている経済では、遅かれ早かれ陳腐化し、衰退への道を進んでいきます。

すでに起こった未来——シュンペーターとドラッカー

エグゼクティブにとって最も重要な仕事は「すでに起こった未来」を見つけることだ。そして、すでに起こった変化を新しい機会として利用するのが重要だ。[†3]

——Peter F. Drucker

さて、What is our business? では予測できない将来に対して準備不足、ですから、What *will be* our business? さらには What *should be* our business? を考えなさい、と先に述べましたが、それでは、これらの問いへの答えを見つける糸口はあるのでしょうか？

１９６９年にドラッカーが、その著書 *The Age of Discontinuity*（邦訳は『断絶の時代』）に記したこの引用を読まれた方も多いかと思います。さて、彼のいう「すでに起こった未来」とはなんでしょうか？　エグゼクティブあるいは経営者にとって最も重要な仕事であるならば、いま一度、深く考えてみる必要がありそうです。

時代をもう少しさかのぼると、ドラッカーの思考に少なからぬ影響を与えたとされる20世紀最大の経済学者のひとり、オーストリア出身のヨーゼフ・シュンペーター（Joseph A. Schumpeter）

†3　Peter F. Drucker, *The Age of Discontinuity* (New York: Harper & Row, 1969).

は、1942年に出版された *Capitalism, Socialism, and Democracy*（邦訳は『資本主義・社会主義・民主主義』[†4]）の中で、「『創造的破壊（Creative Destruction）』のプロセスが資本主義の本質となる事実である」と説きました。その後、創造的破壊という言葉が、前後の脈絡なく独り歩きし、シュンペーターの書を読んだことがない人も、イノベーションを意味する言葉として身近に使うようになったのは、周知のとおりです。米国をその最たる例とする資本主義経済では、絶え間ない〝変化〟が社会・産業・企業に起こり既存の体制・状況を壊し、そのことが経済発展の原動力となっていると、オーストリアから米国に移住しハーバード大学経済学部学部長を務めたシュンペーターは洞察しました。そして、**創造的破壊の原動力となるのがイノベーションであり、それを実現するのがアントレプレナーである**と明言したのでした。

　シュンペーターの考える資本主義経済では、絶え間ないイノベーションが引き起こす破壊が、変化をもたらし、それが経済成長につながるのです。ですから、「変化」こそが「未来」を築いていくのです。言い換えるならば、変化が滞った産業・企業のもとでは、経済成長も滞るのです。

　ドラッカーのいう「すでに起こった未来」を見つける理由とは、シュンペーターの考えたような変化を見過ごしてはいけない、無視してはいけない、ないがしろにしてはいけない、そして「変化の兆し」をも見つけなくてはいけないということでしょう。エグゼクティブにとっては、**「変化の兆し」、さらには、その「兆しにつながる兆し」を見つけることが重要だ**と説いた

†4　Joseph A. Schumpeter, 1942, op. cit.

のです。

さて、すでに米国のカリフォルニア州のパサデナにあるアートセンターと、同じくクレアモントのドラッカースクールが共同で設置したプログラムを紹介しました。読者の方は、このプログラムはデザインスクールのプログラムの一環だから、デザイン思考がそのカリキュラムの核をなしているのだろう、と想像される方が多いかと思います。

もちろん、**デザイン思考は重要なのですが、それと同等か、課題によってはもっと強く焦点を当てているのが、「すでに起こった変化」そして「すでに起こった未来」を見つける作業です。**与えられたテーマに関連したデータから現状を把握し、観察される変化・トレンドを見つけ、未来のシナリオを考察する、そして、洞察を導く、という一連の過程からアイデアを創出し、そして新しい事業機会の創造につなげる作業です。

デザイン思考は、ある課題の問題解決のために、課題の観点を変換しつつ新しい解決案を創出する方法として有効であることは広く知られています。そして、さらに一歩進め、新しい課題を見つけ、そこから事業機会のアイデアを創出し、イノベーションを引き起こす概念・方法としての有効性を高めるためには、「すでに起こった未来」を見つけ、将来へのビジョンを創る作業が重要な鍵となります。

すなわち、What *will be* our business? とWhat *should be* our business? という簡潔な問いへの答えを考える作業です。そのため、アートセンターとドラッカーのプログラムでは、まずはじめに、

このような変化のトレンドを見つける作業を行ないます。

　では、一体、本書でいう変化とはどのような事象を考えているのでしょうか？　いくつかの例をあげてみましょう。まずは観察です。

人口動態の変化

　日本の読者の方々が第一に思いつく「すでに起こった変化」、そして「すでに起こった未来」の例は人口の老齢化、出生率の長期的低下傾向、そして労働人口の減少といった一連の変化ではないでしょうか。日本の社会・経済を長期的に大きく揺るがす地殻変動の主要因としてあげられるのが人口動態の変化です。

　人口老齢化・労働人口の減少が、日本経済に及ぼす影響はこの10年以上にわたり、日本の政府・地方自治体・産業・企業・社会が直面していく大きな課題として、多方面からその対策、あるいは機会として大きく取り上げられてきていますので、ここでは深く言及するのは控えておきます。

世代交代

人口動態に関してよく知られた変化のもうひとつは、世代の交代があげられます。米国の例を見てみましょう。

1940年代から1950年代に生まれたベビー・ブーマー（Baby boomer）、1960年代から1970年代末期にかけて誕生したジェネレーションX（Gen X）、1980年から1990年代半ばごろまでに生まれたミレニアル世代（Gen Yとも呼ばれる）、そして今、小学校高学年から大学卒後数年の世代であるGen Z（1990年半ばから2000年代前半までに生まれた世代）がその例です。誕生年によるこれらの世代の識別は明確に定められたものではありませんが、各世代に特有な社会・経済的背景、行動様式、そして消費の選好パターンが見出されています。

日本でよく知られている例では、日本のベビー・ブーマーに当たる昭和生まれの団塊の世代は、「とりあえずビール」といって、キリンのラガービールを注文する。ところが、後の世代、特にミレニアル世代では、「とりあえず」の行動をとらず、ビールの消費量も減少傾向にある、というようなことです。

もうひとつの例をあげると、団塊の世代、あるいはジェネレーションX初期に誕生した世代は自動車に対する興味があったが、その後のミレニアル世代は自動車に対する興味が低く、国

内の新車販売台数の長期低下傾向の要因となっていることはよく知られています。

さらには、世界的に見ると、ミレニアル世代、さらに若いGen Zの世代、現在の中学生・高校生は気候変動と環境問題を自分たちの将来にかかわる重要な問題として認識していることも大きな特徴といえます。

自分たちが大人になったときには地球温暖化が一層深刻になっているという危機感をもっているのです。この代表はスウェーデンの17歳のグレタ・トゥンベリさんでしょう。

人種構成の変化

人口動態の変化は、日本だけが直面している長期的トレンドではありません。人口老齢化は中国、韓国といったアジアの諸国でも「すでに起こった未来」となっていくことでしょう。ところで、人口動態の変化は人口老齢化のみにかぎられるわけではありません。人口老齢化が比較的進んでいない米国では、人口老齢化とは別の人口動態の変化、たとえば人種構成の変化が重要な長期的トレンドとして取り上げられます。

特に人種構成比率のトレンドがこの40年間に大きく変化してきている州にカリフォルニア州があげられます（図３）。１９８０年にはカリフォルニア州の人口の７割近くが白人でしたが、

その比率が徐々に低下し、２０１７年には４割を切っています。それと対照的に２０１０年まで年々増加したのが、ヒスパニック系のアメリカ人です。ところが、この上昇トレンドもそれ以降は低下傾向に転じ、代わって長期的上昇傾向を示しているのはアジア系のアメリカ人です。このデータから観察されることは少なくともカリフォルニア州の「すでに起こった未来」です。

日本では、人口老齢化にともない労働人口の減少が大きな課題となっています。そして、その影響を緩和するために、外国人の労働力に依存することを選択する必要に迫られている産業が多くなってきているのも事実です。政府は外国人労働力のさらなる誘致に向

図3　カリフォルニア州の人種別人口推移

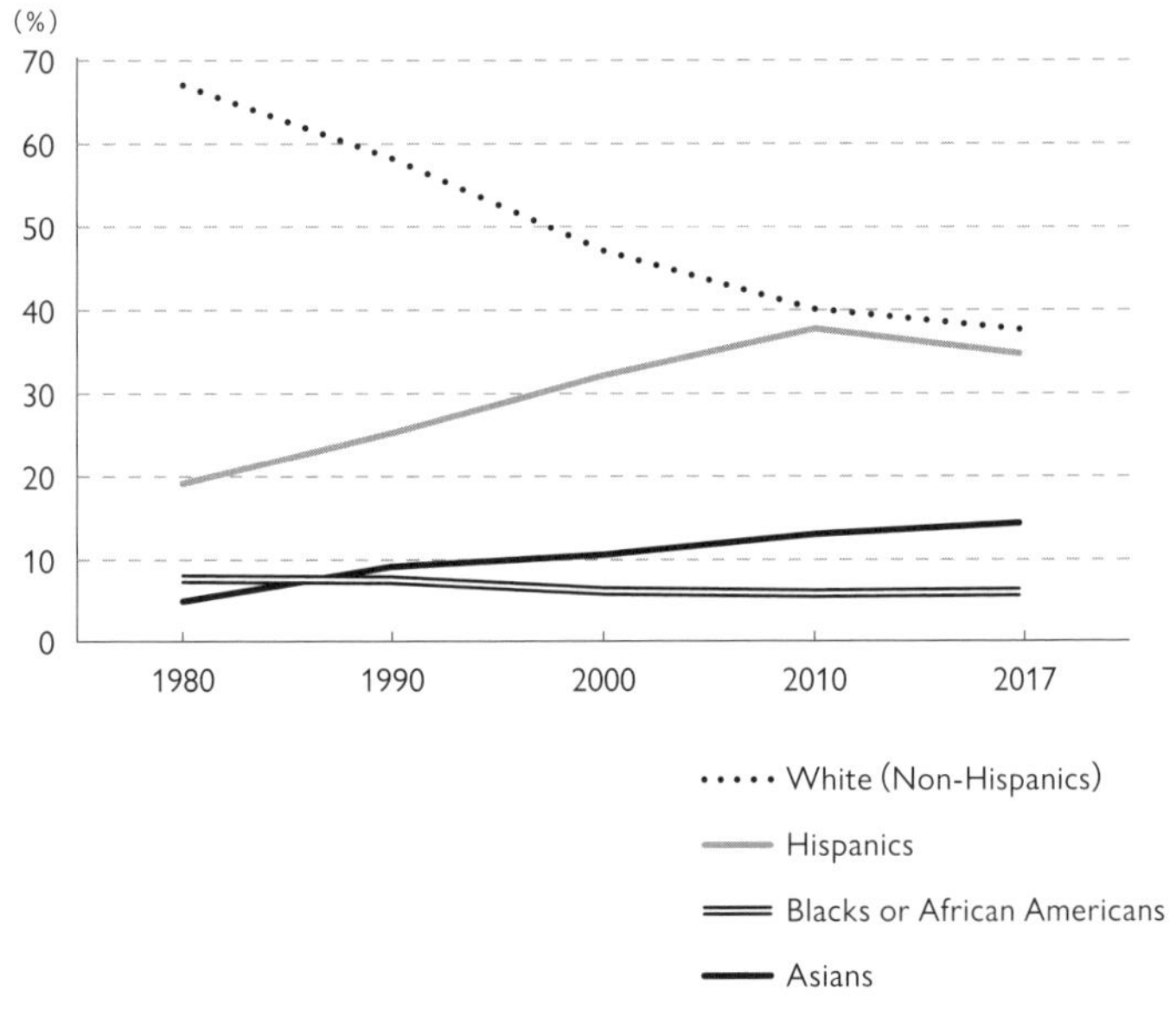

出所：U.S. Census Bureau.

に身を包み、渋谷はもとより、原宿・代官山・青山の裏通りのブティックで買い物をする中国・韓国・台湾からの観光客の姿が目につくようになりました。さらには、買い物から体験をする旅への旅行目的の変化も最近の現象です。

日本から欧州に目を移すと、２０１９年はベルリンの壁が崩壊した１９８９年11月から数えて30年目に当たります。私は１９８２年から１９９０年まで西ベルリンに住んでいましたので、１９８９年11月９日に東西ベルリンを分断するように設置されていたあの〝壁〟がポツダム広場（Potsdamer Platz）のあたりで壊され、東ベルリンの市民が西ベルリンに徒歩や車で越えてくる光景がいまだに脳裏に深く焼きついています。筆者の勤務していたベルリン社会科学研究所（Wissenschaftszentrum Berlin Für Sozialforschung 現在のWZB Berlin Social Science Center）はベルリン・フィルハーモニーに近く、ポツダム広場の近くでもあったので、翌日の11月10日に歩いて当時の同僚と一緒に壁の様子を見に行きました。

東西ベルリンを分断していた壁が壊されるなどとは夢にも思っていなかったので、東西市民が歓声をあげて歓喜する姿を見て、自由というものの重さをその日、身をもって再認識した次第です。

その後数週間は、西ベルリンに押し寄せる東ベルリンの市民によりスーパーマーケットはトイレットペーパーや歯磨き粉といった生活必需品が在庫薄となるような事態に陥りましたが、

生活は徐々に平静を取り戻しました。そして、西ドイツの首都であったボンから政府機関がベルリンに移動し、東西ドイツの統一へ向けてドイツは大きな変化を迎えることになります。

ベルリンの壁の崩壊から30年経ち、東西ドイツの統一は西側からの膨大な額の投資により進められましたが、東側の経済改革は東側市民の期待を完全に満たすことはできず、市民の不満が拡大してきています。そのひとつの結果が、旧東ドイツであった地域での極右政党の台頭にあるといえるでしょう。

Gen Zと技術変化

世代の交代を通じて「すでに起こった未来」が見えると述べましたが、若い世代が新しい技術を思いのままに使うようになるとどうなるのでしょうか。

ミレニアル世代はすでに若くても25歳に達しているので、それよりもっと若いティーンエージャー、それも13〜14歳ぐらいのGen Zの米国の中学生の例を紹介しましょう。

Gen Zと技術変化と書くと、みなさんはロボットとＩＣＴの分野で、すでに頭角を現しているような、次世代のチャンピオンを頭に描くかもしれません。ここでは、そうしたチャンピオンではなくて、普通の中学生女子の例についてお話しします。この中学生を仮にアナと呼びます。

アナは南カリフォルニア、ロサンゼルスの東南に位置するオレンジ・カウンティのアーバイン市の郊外に住んでいる、米国のミドルスクール（中学校）の3年生。13歳の彼女は宿題とスポーツに追われる、典型的な米国の中学生です。趣味は音楽を聴くことと、写真を撮ることでしたが、最近はネックレスをつくることが加わりました。つくるといっても、彫金とか金属を加工するのではなく、チェーン、ペンダント、留め具などの部品を買って、いろいろな組み合わせのモデルを組み上げるのです。部品は、近くのマイケルズというクラフトショップに行き調達します。

ある日、自作のネックレスを着けていると、素敵と褒められたのがきっかけで、自作のネックレスをインターネット上で売ることを思いつきました。クリエイティブな若者に人気のあるプラットフォームDepop.comに自分のお店を開き、そこで自作のネックレスを売り出しました（図4）。開店後1週間で、17本のネックレスの注文があり、部品の在庫が底をつきました。いつものマイケルズは、自分用につくっているときはよかったのですが、お店で売るとなると仕入れ価格が高くて、マージンが出ません。それに、中学生のアナは車を運転できないので、ひとりでは部品調達に行けません。

そこで思いついたのがアマゾンで部品を中国から調達することです。そうすれば、自宅に部品が届くし、コストも低く済むからです。お客さんはほぼ同世代か少し上の高校生で、まったく見ず知らずのGen Zの女の子たちです。ネックレスの単価が低く、海外からの顧客は送料の

図4　Gen Z 13歳のオンラインストア

ほうが高くつき、購入した例はないそうです。アナにネックレスが売れた理由は何かと聞くと、「ほかのお店と違うものをつくって売っているから」との答えが返ってきました。

5つの簡単な変化の例を人口動態と政治・経済情勢の変化の観点からあげましたが、これらから学べる点を考えてみましょう。

第一に、変化の種類には少なくとも2通りあることです。ひとつは、大きな地殻変動ともいえる変化であり、少なくとも、産業・企業のレベルではその変化の道筋を変えたり、止めたりすることはとても難しい、あるいはできない変化です。このような変化は産業・企業・個人にとって**外生的な変化**で、起こっている変化に対応・適応することが求められます。

もうひとつの変化は産業・企業にとって**内生的な変化**です。ある企業が革新的なイノベーションを起こすことによって、産業内に変化が引き起こされ、それが産業内の他社、ひいては社会全体の変化を導くものです。

第二に、変化というとすぐに技術革新を思い浮かべるのが常ですが、それ以外にも変化は起こります。大きく分けると、少なくとも**5つの変化**が考えられるでしょう（図5）。**社会（Society）、技術革新（Technology）、経済（Economy）、環境（Environment）、そして政治（Politics）の「変化」**です。この5つの領域に相互依存的な関係があるのは、ご存知のとおりです。そして、これらの領域の諸変化は互いに影響しあうという複雑な関係にあります。

図5　すでに起こった未来を見つける

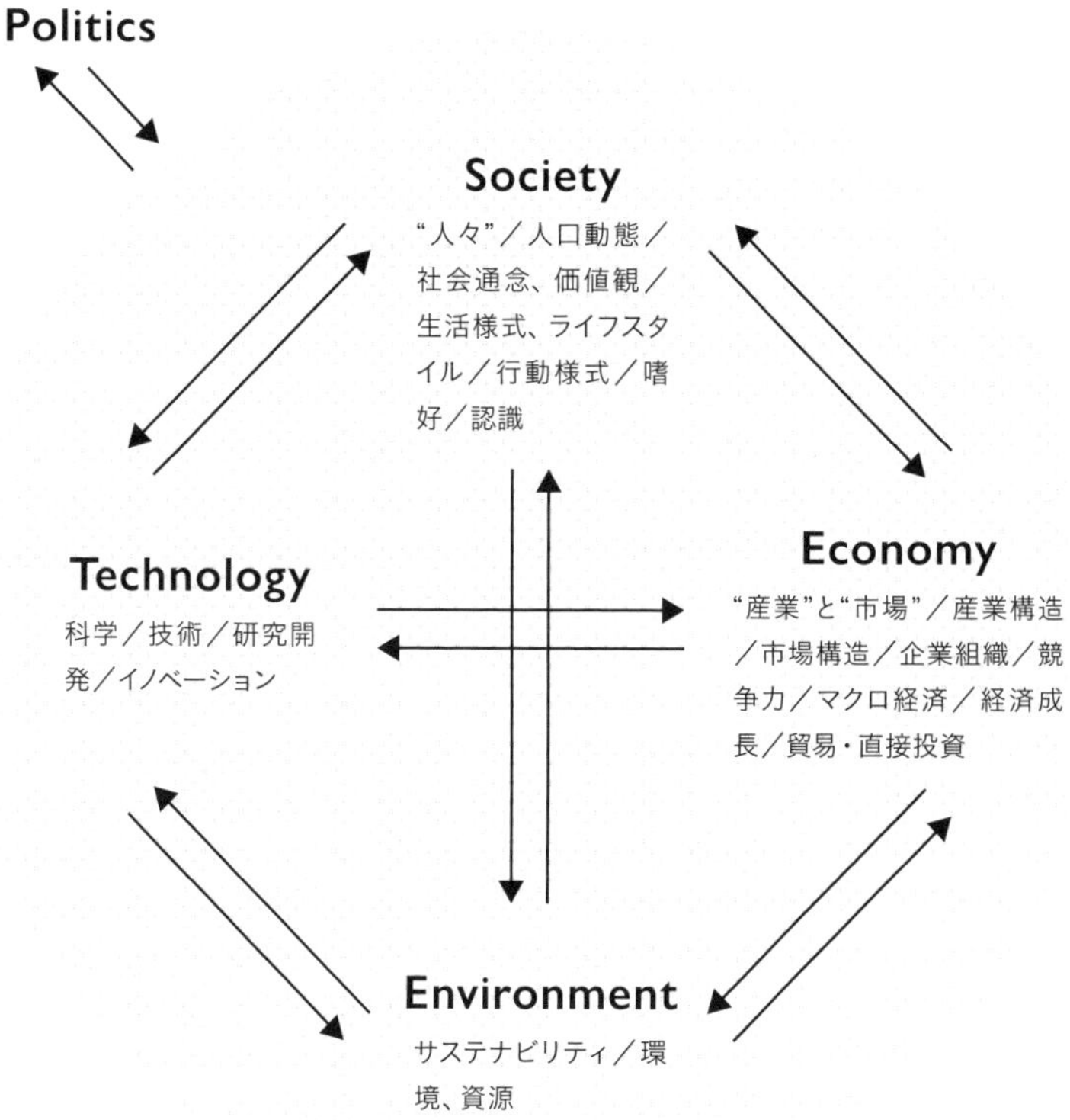

変化を示すトレンドを見つけるためには、視野を広げ、技術革新だけではなく、経済の変化、そして社会・文化の変化にも焦点を当てる必要があるということだと思います。ここでの例として言及した人口動態、人口構成の変化はもちろんですが、それ以外にも、社会通念、価値観、生活様式、行動様式、そして嗜好、文化の変化にもきめ細かな観察をして、トレンドを見出すことが大切です。最近はＡＩ、自動運転、センサー、ドローン、ロボット、宇宙開発などの技術革新に関する情報が頻繁にそして多く伝わってきているので、**技術変化だけが将来に向けてのトレンドを示していると考えがちですが、ここでは特に、その他の領域での変化も忘れないこと**が肝心と強調しておきましょう。

第三は、いろいろな領域で観察される種々の変化は、日本に特有の変化であるかもしれないし、全世界的な規模で起こっているグローバルな変化かもしれません（図６）。たとえば、ＳＮＳの普及によって引き起こされた変化、すなわち人間の行動様式の変化は、ある国に特有のものではなく、グローバルなレベルでの変化であるといえるでしょう。その一方で、人口老齢化はかぎられた国や地域で特に顕著に観察される特有の変化と考えることもできるでしょう。

そして、経営者にとって最も重要なのは、社会・経済・環境・技術の変化は絶え間なく起こり、それらの**変化・トレンドを見過ごすことは機会を見逃す**ことに通じる、ということです。小さな変化を見落としてしまうことは致し方ないかもしれませんが、**致命的になり得るのは大きな変化の兆しを知って知らぬふりをすること、あるいはすでに観察されている大きな地殻変**

図6　変化はどこで起きているのだろう

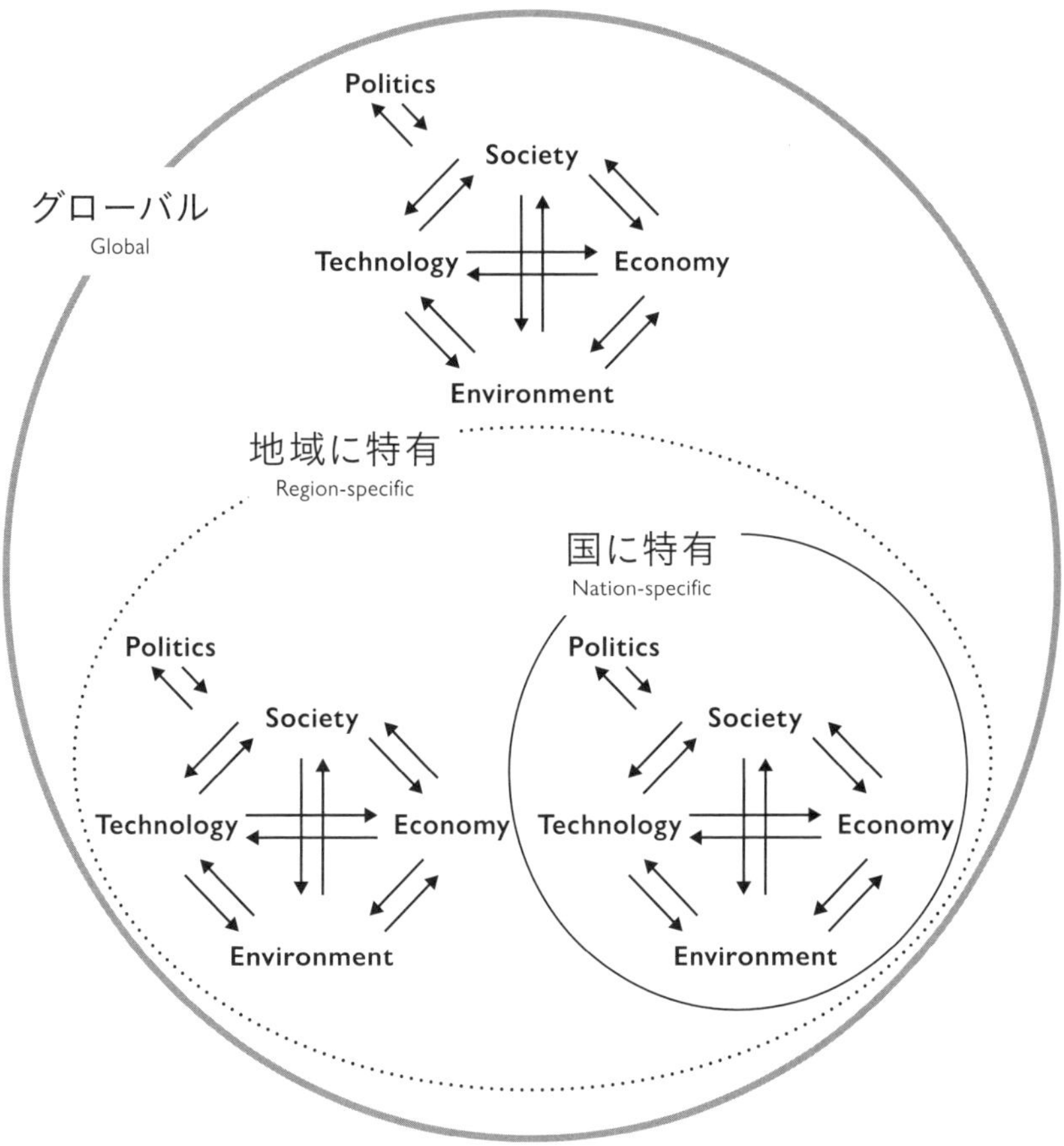

動の兆しを過小評価することです。大きな変化が世界で起こっているのに、日本は関係ないと平静を装っているうちに、それまでのビジネス環境とシナリオがあっという間に根底から覆されてしまうような結果になるのを避けるための先見性が必要なのです。

この点の重要性については、インターネット、オンラインビジネス、さらにはスマートフォンといった新しい技術が世界で台頭し始めた時代に、日本でよく聞かれた議論をいまさら思い起こすまでもないでしょう。

本章では、すでに起こった変化を見つけることの重要性について述べてきました。もちろん、変化の兆しを種々の領域で見つけ、それを機会に結びつけることが必要なのですが、いまひとつ重要なのはビジネスの目的です。**観察された変化から洞察を行ない、機会を見つける、さらにそれを事業に結びつけるには、そうした一連の作業の方向を決定づける、いわば北極星が必要なのです。その北極星こそが、ビジョン**です。ビジョンとは、What do we want to be?（将来、我々は何になりたいのか？）であり、それなくしては、せっかくの新しいアイデアも場当たり的なものになってしまうかもしれません。さらには、ビジョンなくして、どのように有効な企業戦略・競争戦略を構築するのでしょう。

本書の課題である、新しい戦略モデルの構築にとって最も重要な最初の鍵は、すでに起こった変化を観察すること、そして将来に向けてのビジョンを構築することなのです。

Chapter 3

観察から洞察へ

すでに起こった未来は既存のビジネスの中にはない。
それはその外側にある——
すなわち、社会、知識、文化、あるいは
経済構造の変化が起きたときに未来が生まれるのだ。
さらには、新しいトレンドが生まれたとき、
あるいはこれまで継続してきたパターンが
断続したときに未来が生まれる[†1]。

——Peter F. Drucker

前章では、いろいろな領域で起こっている変化、そしてそのトレンドを観察することが重要、と述べました。しかし、マネジメントにとってさらに重要なのは、この事実の観察だけではなく、もう一歩踏み込んだ深い洞察です。すなわち、この観察された事象から、どのようなことがいえるのか、さらには、それがどのような機会につながるか、という一連の思考です。さて、人種構成の長期的トレンドが機会となり得るのは明示的ですが、それ以外に機会創出のために着目すべき点はなんでしょうか？

本章では、ピーター・ドラッカーが１９８５年に *Harvard Business Review* に発表した論文“The Discipline of Innovation”で提示したイノベーションの７つの要因のうちから、観察された変化と突き合わせて洞察する必要がある要因として、次の５つに焦点を合わせて説明していきます。[†2]

①不調和
②認識の変化
③産業と市場の変化
④従来のやり方の弱点
⑤人口動態の変化

†1　Peter F. Drucker, *Managing for Results* (New York: Harper & Row, 1964).

†2　Peter F. Drucker, “The Discipline of Innovation,” *Harvard Business Review*, 63 May-June, 1985.　他の２要因は、思わぬ失敗（失敗が結果的には、思わぬイノベーションとなる）と新しい知識です。

不調和「アジア系はもはや米国の市場のメインストリーム？」

さて、前章の例で観察された人種構成の長期的趨勢《すうせい》から、どのような未来のシナリオが描けるのでしょうか？　アジア系アメリカ人の比率の上昇傾向という事実観察から、「すでに起こった未来」のシナリオの例をあげてみましょう。

アジア系の人が相対的に多いプロフェッショナルの職業の占拠率トップ10を示したのが図7です。これによると、米国の歯科医の20パーセントがアジア系です。そして外科医を含む医師もほぼ5人にひとりがアジア系です。トップ10の後、会計士、税理士、そして金融機関に就業している人が続き、それらの15パーセントがアジア系となっています。大卒の比率が他の人種グループに比べて相対的に高いアジア系が総人口に占めるシェアは6パーセントぐらいですので、こうしたプロフェッショナルな職業についているアジア系の人たちが相対的に多いというトレンドは、特にこの10年続いています。

この事実から洞察できる将来の消費者市場の動向としては、可処分所得が相対的に高いアジア系の人を無視、ないがしろにはできない。むしろ彼らをトレンドセッターとして米国の市場でのメインストリームを代表するペルソナのひとりにつけ加えるべきでしょう。

このトレンドを素早く観察し、その機会をタイミングよく利用した成功例のひとつにハリウッド製の映画『Crazy Rich Asians』（邦題『クレイジー・リッチ！』）があげられます（図8）。

２０１８年に上映されたこの映画は、ハリウッドの映画としてははじめて、出演するキャストのほぼ全員がアジア系の俳優、そして主演の女優は25年ぶりにアジア系と、画期的な作品となり話題になりました。さらには、前述のようなアジア系の人のプロフェッショナルな職種への高い就業率を反映して、主人公の職業はニューヨーク大学で経済学とゲーム理論を教える最年少の助教授というように、事細かに設定されています。

　この映画以前のハリウッド製の映画では、アジア系アメリカ人の台頭にもかかわらず、アジア系の俳優が主役に選ばれることは極めて稀でした。ましてや、アジア系の男優がラブ・コメディ

図7　アジア系就業者占拠率トップ10職種（2016年）

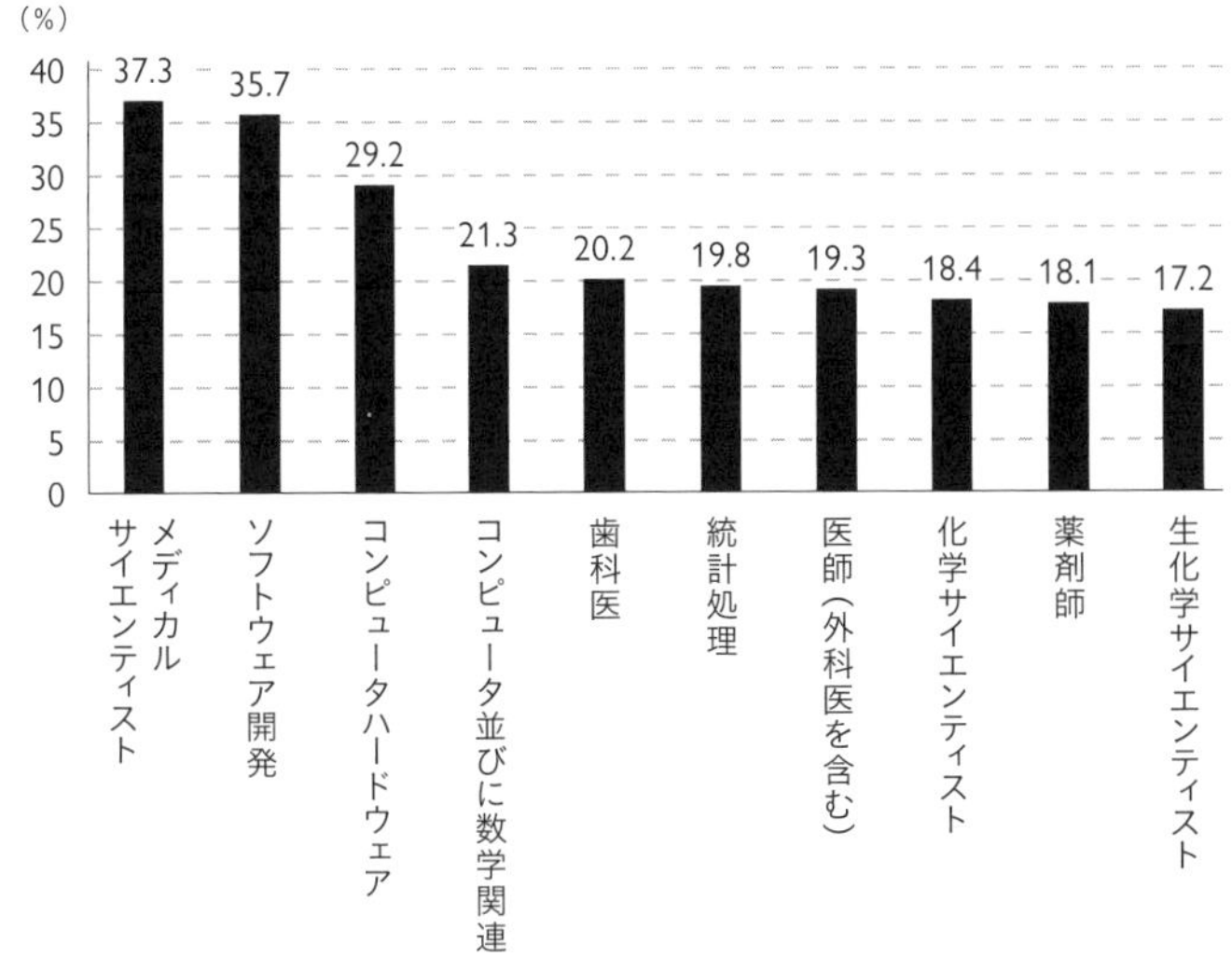

出所：U.S. Bureau of Labor Statistics.

に抜擢されるのは前代未聞でした。マイノリティの米国人からしてみると、人種構成が変動して白人の比率が減少しているのに、いつも白人が主役で、なんか変だな、なんかしっくりこないな、という不調和が一部で感じられていた背景がこの映画の製作につながったわけです。

そして、この映画が興行的にも成功を収め、アジア系の観客だけではなく、その人種の枠を超えて米国のメインストリームの観客にも支持された、という点にも着目するべきだと思います。この映画に続いて、マーベル・コミックでは、初のアジア系スーパーヒーロー、さらには、ＬＧＢＴＱ＋の一層の顕在化とそれを反映する社会の変化をとら

図8　サンセット大通り（ウェスト・ハリウッド、2018年12月）

えるように、同性愛者のスーパーヒーローの映画も製作されています。

ここでは、人口動態の変化に着目し、それから導かれる洞察により、機会が見出されたケースを紹介しましたが、生活の中で体験する不調和（なんか変だな、しっくりしないな）がビジネス機会に結びついた例の代表的なものは、Uber（ウーバー）があげられるでしょう。Uberの創設者が、パリでタクシーを拾おうとして道路に立っていたが、一向にタクシーが来ない。来るのはひとり乗車の車ばかり。そのとき彼にひらめいたのは、もし目の前を通り過ぎるたくさんの車のドライバーが私のお抱え運転手だったらどうなるだろう、という問いではないでしょうか。

ウーバーと類似の例では、Airbnb（エアビーアンドビー）があげられるでしょう。どの街にも多かれ少なかれ、使われていない空き部屋をもつ所帯がある。たくさんの旅行者がその街に行きたいのだけれど手頃な値段で泊まれるホテルがない。すなわち、その街には空いている部屋があるのに、宿泊施設の需要と供給の不調和があるわけです。もし、そのオーナーが、その空き部屋を開放して、旅行者に使ってもらったらどうなるの、という発想から生まれたのです。

Airbnbの例のついでに、不調和の例を最近のヨーロッパのホテル産業で考えてみましょう。図9はドイツの哲学者ニーチェの家があることで有名なドイツ中部の街ナウムブルクに2年前にできた新しい小さなホテルの室内です。ナウムブルクは１０００年の歴史をもつ古い街ですが、

旧東ドイツにあったためにドイツ人でも知らない人が多い町です。周辺の丘陵《きゅうりょう》には約50のワイナリーがあり、将来的には新しいワイン街道となることを地域発展のビジョンに取り入れています。町の中心にあるこのホテルは、古い建物の正面は残して改築を行ない、図9の写真のように、現代的なデザインで機能的かつ寛《くつろ》げる部屋を宿泊客に提供しています。

さて、この写真を見て、なんか変だな、しっくりしないないなという箇所があるでしょうか。10年前、あるいはそれ以前のドイツのホテルの部屋をご存知の方はすぐに気がつくのではないでしょうか。机の上に置かれた扇風機に気づかれたでしょうか。

私はこの扇風機に気づき、ホテルのディレクターに「ドイツの新しいホテルの室内になぜ扇風機があるの？」と聞いたところ、「従来は真夏に30度を超える日が数日続いても、それ以外の日は涼しく、乾燥していて過ごしやすいというのがドイツの通常の夏でした。そのため、古い建物を改装したホテルには、基本的には空調・エアコンという室内冷却装置は必要ないので、通常設置していませんでした。ところが、ここ数年の気候変動と温暖化の影響で、5月から8月にかけて、数週間にわたる熱波が襲い30度以上の日々が続くという異常現象が起きています。ホテルの部屋にはエアコンの装置がないので、耐寒には優れた煉瓦《れんが》・モルタルづくりの建物の内部は窯《かま》のような暑さがこもり、窓を開けたくらいでは涼しくなりません。そこで、昔ながらの扇風機の登場となりました」という答えが返ってきました。扇風機は写真のドイツのこのホテルだけにかぎらず、ドイツのほかの地域、英国、フランスでも軒並み再登場しています。さて、

図9　不調和（ナウムブルク、2019年9月）

扇風機以外にも、新しい事業機会のアイデアはあるでしょうか？

　このように気候変動と温暖化のトレンドが続くと、この写真に見られるような不調和が起こります。このホテルの改築プロジェクトが始まった５年前にはまだ気候温暖化の現象が、今日ほど顕著に起きていなかったので、プロジェクトは従来の仮定――ドイツの夏は涼しい――をそのまま受け入れて改築を行なってみたら、この仮定が見事に崩れてしまったのです。扇風機メーカーにとっては、思ってもいない事業機会につながったのはご覧のとおりです。つまり、従来主流であった仮定が満たされなくなり、従来のやり方ではうまくいかなくなったとき、それが新しい機会を生む可能性があるのです。

　古い話ですが、米国と日本の車にはエアコンはすでに必需品となっていましたが、欧州の車には１９９０年代初期でも、エアコンは標準装備ではありませんでした。私が１９９５年に欧州からカリフォルニアに移り、はじめて乗った車にエアコンが搭載されていたので、いたく感激したことを今でも覚えています。

認識の変化「防弾少年団、ワンオクを受け入れる社会」

アジア系の人たちが人口に占める割合の増加、社会における経済社会的地位の向上と並行し

て観察される「すでに起こった変化」のもうひとつの例として、アジア発の若者のポップな文化、ここでは特に音楽、映像、食べ物、ファッションなどが、人種の枠を超えて市民権を得るというトレンドが観察されます。

例としては、韓国のＫ-ＰＯＰの国際的な評価と評判、特にＢＴＳ（防弾少年団）というグループの英国・米国での大成功があげられるでしょう。

２０１８年の全米ツアーのロサンゼルス公演では、２万人収容のステープルセンターを４日連続満席にし、２０１９年には『ビルボード』誌のアルバムチャートでアジア系アーティスト初の１位を獲得したのみならず、英国、ロンドン郊外のあのウェンブリースタジアムで、12万人の観客を集めたのはまだ記憶に新しいところです。世界の若者の認識が変化しており、心に響き、共感をもたらすものならば、人種の壁を超え、そして言葉の壁を超えられる、という洞察が導かれるでしょう。

スケールはまだ小さいですが、日本のロックバンドのワンオクロック（One OK Rock、略称ワンオク）の２０１９年の全米ツアー・欧州ツアーでの成功は、特筆すべきだと思います。観客動員数からいえば日本でのドームやアリーナでの大規模な公演とは比べものにならないものの、日本発のロックバンドが欧米の若者の心をつかみ、彼らが日本語の歌詞の部分でも一緒に歌い踊る、という光景は本当に稀有《けう》な景色ではないでしょうか。もしこれが、単なる流行ではなく、若い世代の間での「すでに起こった未来」だとしたら、ビジネスはこのトレンドをいち

早く取り入れることが必要となるかもしれません。

こうした例から導かれる洞察をビジネス機会に結びつける鍵は、「世界の若者の心をつかみ、彼らの感動に訴え、共感を呼び起こせば、人種の壁と文化の違いを乗り越えられる」でしょう。ちなみに、本田技研工業（以下、ホンダ）は超小型ジェット機の分野で納入機数の記録を更新しているホンダジェットのＣＭに、この日本のワンオクの歌がバックに流れる広告動画をつくっています。そして、そこで使われている歌のタイトルは「Change（変化）」です。

カリフォルニアにおけるアジア系の人たちのトレンドを観察するのは重要ですが、もうひとつ見落としてはいけないのは、世代交代が引き起こす不調和、認識の変化、そして従来のやり方の弱点を見つけ、それを変えていくことです。

図3（44ページ参照）が示すように、白人の比率が低下し、ヒスパニック系の人たちの比率の上昇が１９８０年から２０１０年にかけて顕著に起こりました。その影響を少なからず受けてしまい、米国のカジュアル・ダイニング、あるいはファミリー・レストランは閉鎖・撤退です。つまり、ベビー・ブーマーの過半数を占めていた白人層の縮小により、その層をターゲットとして米国の典型的な家庭料理（comfort food）をメニューに置いていたチェーンの需要の低下が顕著に起こり、レストランの世代交代がこの5年速いテンポで進んでいます。

日本の読者の方にはなじみが薄いかとは思いますが、Marie Callender's、Mimi's Cafe、Claim

Jumper、TGI Fridays、Coco's、Boston Market……と事業縮小・撤退のリストは続きます。人口の世代交代が、レストランの世代交代を起こしているのです。

世代交代と人口構成の変化の両方が起こるときに、新しい機会が生まれるのですが、この例の最近のものとしては、アジア系のレストランの進出があげられます。

たとえば、南カリフォルニアのアーバインに隣接したコスタ・メサにある大きなショッピングモールのサウス・コースト・プラザに行ってみましょう。ここは１９９０年代半ばまでは、日本からの買い物客で賑わい、ロサンゼルスの空港からここに団体で訪れるツアーも組まれたほどでした。現在は、アジア系の買い物客が大多数を占めるといっても言い過ぎではないほどの、変わりようです。

この変化を見逃さず出店したのが、台湾の点心専門店の鼎泰豐（Din Tai Fung）です。以前はハンバーガーのマクドナルドが入店していた場所を引き継ぎ拡張し、大きな店を開いたのが２０１７年です。開店以来すでに2年以上経ちましたが、いまだに、待ち時間は平均90分の繁盛店です。もちろん日本も負けてはおらず、２０１９年8月に丸亀製麺がMarugame Udonを開店しました。丸亀製麺はすでにロサンゼルスとその近郊に店舗展開していたのですが、このモールの店は繁盛していて、待ち時間は週末ですと60分と聞きました。

この丸亀製麺のお店のすぐ横にイタリアのパスタの製造大手のバリラ（Barilla）のパスタを使うレストランがあります。先日このバリラのレストランで私が食事をしていると、横のテー

ブルに3世代家族5人のヒスパニック系のアメリカ人が座りました。入店すると、ティーンエージャーの女の子2人は着席せずに、パスタ店をすぐに出て行きました。残ったのはおばあさんとGen Xに属すると思われる40～50代の夫婦です。この3人はパスタを注文しましたが、料理が運ばれてきても2人のティーンエージャーは戻ってきません。

3人の食事が終わるころ、2人のティーンエージャーが何やらテイクアウトの品を持って、やっと戻ってきました。興味津々、何を買ってきたのか見ると、丸亀製麺のうどんとお芋の天ぷらとエビの天ぷらのトッピングです。そして、プラスチックのお椀のふたを開けて、お箸でうどんを食べ始めたのでした。Gen Zのヒスパニック系のティーンエージャーが、お箸でうどんをすする姿は、まさに、認識の変化、産業・市場の変化、そして従来のやり方が別のものに取って代わり、新しい機会を創出した瞬間を目の当たりにしたようでした。

認識の変化「技術が通念を変え、行動を変える」

ここまで述べてきた例は人口動態の諸変化により、社会の通念、あるいは認識に変化が起きている状況ですが、このような変化は、技術革新が起こり、その意味に関しての認識が変化する場合にも見られます。

日本の読者の方にとって一番わかりやすい例は、ケータイからスマホへの転換ではないでしょうか。日本を２００９〜２０１２年ごろに訪れるたびに目にとまったのは、当時日本の大多数の人はいまだにケータイ（多くの場合は折りたたみ式のガラケー、米国ではフリップフォンと呼ぶ）を使っていることでした。iPhoneはガジェット好き、新しモノ好きなど一部の人のものでした。当時すでに米国ではスマートフォンに主流が移り、アップルのiPhoneの全盛期に突入していました。日本で地下鉄に乗れば、目についたのは折りたたみ式のガラケーを持ち、メールを打っている人たちの姿というのが日常でした。いわゆる携帯電話のガラパゴス化です。ところがいまや、そのような人はほとんど見かけなくなり、誰もがスマホをいじっています。技術革新とそれを具現化した製品が市場を席巻し、消費者の認識を瞬く間に変えてしまったのです。まさに世界で「すでに起こっていた未来」を見抜けぬままに、日本の政府・産業・企業が後手に回った例といえるでしょう。

似たような例では、１９９０年代初期のインターネットがあげられます。インターネットの時代は来ないなどと悠長な議論をしているうちに、あっという間に世界、そして日本はインターネットの大波にのまれてしまいました。イーロン・マスクが設立した電気自動車のテスラも、「マイレージの恐怖（電気自動車の継続走行距離の短さにともなう不便さとその問題）」という、消費者のもつ認識を革新的な製品の導入で見事に覆《くつがえ》した例です。

社会・経済に見られる不調和、あるいは社会通念の認識の変化が社会・経済・環境・技術の

大きな変化により引き起こされるとき、そのような状況のもとにある産業と市場においては構造の変化が往々にして観察されてきています。

　前章で紹介したカリフォルニアの普通の中学生アナの例を思い出してください。アナは13歳ですが、すでに、アマゾンを使って、中国から部品を低コストで調達し、部品を組み上げて完成したネックレスをインターネット上のプラットフォームに出店した自分のお店で売っています。これは、実際の例ですが、この世代の中学生にとっては、このような話は特別驚くことではありません。この世代の子供たちにとっては、日常になっているのです。

　さて、これらが「すでに起こった未来」だとすると、たとえば、それに対応する準備を十分にしていなかった玩具産業はどのような影響をこうむるのでしょうか？　宿題、スポーツなどの課外活動、趣味などの従来ながらの活動に使う時間に加えてインターネット上で過ごす時間、スマホに集中する時間がますます長くなっている最近の小学生、中学生と高校生は、15年あるいは10年前の小・中・高校生たちと比べても、その行動様式が変わってきています。

　その結果として起こっていることは、従来のボードゲーム、おもちゃで遊ぶ暇がないのです。さらに、遊んでも共感を覚えなくなっているのです。ブロックの老舗デンマークのレゴ（ＬＥＧＯ）が、２０１０年代初頭にその戦略を大きく変えたのも、このような「すでに起こった未来」への遅かりし対応といえるかもしれません。

　また、バービー、フィッシャープライス、アメリカン・ガールのブランドをもつ米国の玩具

メーカー大手、マテル（Mattel）の業績はこの5年間悪化しており、大手の玩具小売店トイザらス（Toys'R'Us）は２０１８年3月に破産申告をし、米国の全小売店を閉鎖しました。

産業と市場の変化「新規企業の参入で地殻変動」

その産業をよく知る人にとっても、産業構造と市場構造は往々にしてまったく揺るぎないものに見え、それらの構造は変わることなく、現在の状態が長期的に継続すると思い込んでしまう。一方、市場あるいは産業構造の変化はイノベーションを起こす大きな機会である。[†3]

——Peter F. Drucker

さて、すでに起こった変化の例として前章で言及した、ベルリンの壁の崩壊があった１９８９年11月9日から30年以上経ったわけですが、東西の経済的格差は消えず、東西の歴史的な産業構造と競争力の違いに基づく所得格差、東から西への人口流出、失業・就業率格差といった問

†3　Peter F. Drucker, *Innovation and Entrepreneurship* (New York: Harper & Row, 1985).

題が旧東ドイツであった地域には根深く残っています。

　その一方で、見逃すことのできないすでに起こった未来もいくつか見つけられます。冷戦下のベルリンは西が米・英・仏の統治下にあり、東はやはり連合国であったソ連の統治下にありました。東ドイツ内に陸の孤島として位置していた西ベルリンは資本主義のショーケースのような意味をもち、当時の目抜き通りであったクアフュルステンダム（Kurfürstendamm）には西側諸国のブランド製品を売る店が立ち並んでいました。その一方で、東ベルリン側の目抜き通りウンターデンリンデン（Unter den Linden）にはどの店も同じような特に特色のない東ドイツあるいはソ連のあまりぱっとしない商品を売る寂しげな店が並び、東と西の経済力の違いをまざまざと見せていました。

　ところが、特にこの10年のベルリンでは、冷戦下のベルリンのことなどをまったく忘れさせてくれるような変化が起きています。ベルリンは今やヨーロッパで最もハイテク関係のスタートアップの多い都市となり、海外からの技能職・プロフェッショナルの受け入れが進み、そのような技能をもつミレニアル世代（１９８０年から１９９０年代半ばごろまでに生まれた世代）が住みたい都市に大きな変貌を遂げています。なぜ、今のベルリンか、という問いへの答えは、一言では言い表せませんが、やはり戦後のベルリンが貫いた「自由」への強い想いとそれを達成するために払った犠牲、そしてそれを実行することを通じて培われた風土と世界観ではないかと思います。今のベルリンの自由で新しい考えを受け入れる環境が、スタートアップの育成・

成長を助けているのでしょう。

このような大きな地殻変動がもたらす産業・市場構造の変化には、新企業の参入が往々にして観察できます。機械式腕時計といえば、多くの方が、ああスイス製ね、とその製造国を思い浮かべるかと思います。スイスはもちろん機械式腕時計の集積地・産地としては確固たる地位を占めていますが、１９８９年のベルリンの壁の崩壊以降、ドイツの時計産業の躍進には著しいものがあります。

第二次大戦以前はドイツの優れた時計メーカーであったものの、第二次大戦後、その所在地が東ドイツ領であったために、冷戦下においてその企業成果が著しく低下したドイツの時計メーカーがあります。ドレスデンの南、チェコとの国境に近い時計づくりの集積地であるグラスヒュッテ（Glashütte）にある高級ブランドのA・ランゲ&ゾーネ（A. Lange & Söhne）ともう1ランク下のグラスヒュッテ・オリジナル（Glashütte Original）です。この2社は、この20年にわたり、会社の再興、そしてブランドの構築に全力を費やし、特にA・ランゲ&ゾーネはスイス製時計に勝るとも劣らないブランドを確立したのはよく知られています。

さらに、このグラスヒュッテの集積地に新しく設立されたノモス（Nomos）はその斬新かつシンプルなデザインで、新しいニッチを機械式時計の市場で確立しました。まさに、ベルリンの壁の崩壊、東西ドイツの統一、旧ソ連の崩壊、そして冷戦の終了という大きなヨーロッパの地殻変動がもたらした産業・市場構造の変化です。地殻変動が起きたときに、サンク（埋没）

コストとなることを恐れずに、R&Dとブランド構築のための投資を企業が行なった結果、市場構造が内生的に変化した例でしょう。

最後に、前出のテスラが引き起こした、産業と市場構造の変化について考察を加えましょう。テスラ創設者のイーロン・マスクにいわせると、「テスラはシリコンバレーにルーツをもっており、デトロイトの自動車会社とは違う」となるわけですが、テスラの事業は基本的には自動車製造会社として自動車産業に新規参入をしたと考えられます。**自動車産業は参入障壁の極めて高い産業として名高いのは周知の事実です。**

参入障壁の概念については、カリフォルニア大学バークレー校の経済学部教授であった、ジョー・ベイン（Joe S. Bain）が1956年に出版した著書 *Barriers to New Competition*[†4] の中で実証研究を体系的に明示しました。ベインの先駆的研究がその礎となり発展した産業組織論は、その後、特にハーバード・ビジネススクール教授のマイケル・ポーター（Michael E. Porter）により経営学の領域にも応用されました。ポーターの競争戦略論の中心をなすファイブ・フォース分析に使われている参入障壁の諸要因は、ベインの先駆的研究にその源を見ることができます。

さて、ベインは米国の製造業20産業の詳細な実証分析から、参入障壁を構成する4つの主要因（規模の経済性障壁、製品差別障壁、絶対的費用障壁、そして必要資本量障壁）ごとに、参入の難易度を3段階に分けて産業を分類しました。

†4　Joe S. Bain, *Barriers to New Competition: Their Character and Consequences in Manufacturing Industries*（Cambridge, MA: Harvard University Press, 1956）.

米国の自動車産業は規模の経済性障壁、製品差別障壁、そして必要資本量障壁の3要因において障壁が極めて高く、総合すると、自動車産業の参入障壁は極めて高いと結論しました。この分析は1950年代初頭のデータに基づくものですが、自動車産業における参入障壁の現状は、当時よりさらに新規参入を難しいものにしているといっても過言ではないでしょう。

たとえば、米国のゼネラルモーターズ（GM）とフォード（Ford）は2010年にはそれぞれ年間約40億ドルを広告費に使っています。規模の経済性を享受するための最小最適規模は一般に年間10万台から25万台の生産台数を必要とし、これを満たす大型組立工場の建設費用は一般に10億から20億ドルと推測されています。また、部品調達のために必要とされるサプライヤーの数は1000社近くになり、全米ディーラー数1500社を超えるネットワークを抱えることが大量販売に必要とされます。

さらには、新しい自動車モデルの開発費は10億から60億ドルと推定され、この固定費用が重要な規模の経済性障壁の要因となっています[†5]。

テスラはモデルSを市場に導入した2012年の時点では、10億ドルの資金しか持ち合わせていませんでした。もしテスラが伝統的な自動車会社のように参入しようと目論んだならば、このような少ない資金で参入は事実上不可能だったでしょう。ところが、ブランド、広告支出、販売・サービスネットワーク、サプライヤー・ネットワーク、工場建設費用、そして製品開発費といった伝統的な参入障壁を正面から乗り越えるのではなく、そうした障壁の隙間を横から素

†5　この記述は“Tesla Motors,” Harvard Business School, Case 9-714-413 に依拠します。

通りする戦略をとることにより、新規参入を成し遂げたのでした。

　動力装置と電池に関する新技術、さらに電気自動車に固有のデザインのシンプルさ、ディーラーの販売・サービスに頼らない直接販売方式、既存の各種メーカーとのアライアンス、エントリーあるいは中級車のセグメントではなくあえて高級車セグメントへの参入などの作戦が新規参入を可能にし、その大きな成功要因となりました。

　テスラが市場での成功を長期的に持続し、企業として長期的に存続できるかは、すでに述べた規模の経済性障壁、並びに学習曲線による障壁、企業成長にともなって必要となる投資（たとえば、蓄電池工場設立、ディーラー・サービス網への投資、R＆Dや品質向上へのサンクコストとなる各種投資）、さらには経営管理上の諸問題を今後いかに克服していくかにかかっていますが、少なくとも、参入を達成し、自動車産業の市場構造に大きな地殻変動を起こしたのは疑いのない事実です。

　そして、自動車産業の市場構造はシュンペーターが考えたような変化にさらされ、既存企業は、この挑戦に受けて立たざるを得ない状況となりました。このように、技術革新、そしてビジネスモデルの革新が、既存産業の構造を大きく変える原動力となるのです。

　テスラSが市場に出た２０１２年からの数年は、電気自動車に対する消費者の通念・認識はまだ低く、歴史的に環境・公害問題に関心の高いカリフォルニアの消費者でさえも、電気自動車についての関心はあるものの、懐疑的であったといえます。ところが、テスラを街中で多く

見かけるようになると、その認識が徐々に変わり、電気自動車に対する拒絶反応が少しずつ薄れ、２０１６年3月に次期主力車種のモデル3の注文をオンラインで開始したところ、ひと月で40万台の注文が殺到したのは記憶に新しいところです。

この例は、電気自動車、特にテスラが変化の原動力となり、すでに起こった未来を創り、社会そして経済の通念・認識が数年のうちに覆された例でしょう。電気自動車なんて、という雰囲気で状況を遠目に眺めていた自動車会社は、生き残りをかけた戦いに追い込まれてしまったのです。

従来のやり方の弱点「すでに起こった未来に対応する」

さて、観察から洞察を導く糸口の4番目は、前述の糸口、不調和と重なることが往々にしてあります。すでに起こった変化に対応するために新しいやり方が必要と認識するのが、第四の糸口です。既存のやり方の中に何か欠けている部分はあるでしょうか？　その欠けている部分を見つけるのが重要です。

日本では、人口減少に関連して、すでに従来のやり方の弱点が多く見出され、新しいやり方が必要になってきています。たとえば、人口減少・少子化にともない、家族の規模が小さくな

り、核家族化が進んでいます。家族規模の縮小にともない、一家で消費するに足りる食材の大きさと量が平均して縮小しています。親子三世代6人の所帯と家族3人の所帯を考えてみれば、この点は明らかだと思います。

さらに洞察できることは、食材の1パッケージ当たりの大きさは小さくてよい、つまり、大きな魚1匹よりもこれを小さな切り身に分けたパッケージの需要が高くなる、でしょう。

さらに、ひとり住まいの人が増えるにつれて、朝・昼・夜をひとりでわざわざつくって食べる手間をかけなくなる、そうすると、朝食から始まって夕食までを手間をかけずに食べられるプロセスが必要となる、という洞察が導かれます。セブン‐イレブンが展開している、1日3食すべての需要を満たす食品をコンビニで展開する方向はこの洞察に基づいています。[†6]

米国のベビー・ブーマーと若い世代、特に現在ティーンエージャーであるGen Zとの消費志向の違いは、Gen Zが大量生産に基づく画一的なものではなく、ユニークなものを好む傾向があると指摘されています。もし、この違いが継続し、将来的にさらに顕著になると、どのようなやり方が必要になるでしょうか？　他人とは違う、自己を主張できるユニークな商品が求められるとすると、高度にカスタマイズできる商品、そして、それを可能にする新しいやり方が求められるでしょう。

すでに、ナイキ、アディダス、コンバース、VANS（ヴァンズ）といったスニーカーのブランドは消費者がスニーカーをカスタマイズできるサービスを提供しています。

†6　2018年5月にセブン＆アイ・ホールディングスで聞いた会社説明によります。

Chapter 4

顧客にとって新しい「意味」を創る

成功するイノベーターは左脳と右脳を使う……。
彼らは数値を見て、そして人間を見る。[†1]

——Peter. F. Drucker

人間を見る／新しい「意味」を見つける

Chapter2とChapter3ではすでに起こっている変化を見つけ、それから洞察を導くことがイノベーション、ひいては新しい戦略モデル構築へ向けて経営者が踏み出すべきはじめの一歩であるとしました。

さらに、本書で紹介されている新しい戦略モデル構築のためのツールと思考体系は、デザインスクールであるアートセンターと、マネジメントスクールであるドラッカースクールの共同プログラムで教えられているものであると、すでに述べました。

そして、そこでは直感的なアプローチとマネジメントの分析によるアプローチを融合することが必要になると示唆しました。すなわち、ドラッカーが述べたように、「成功するイノベーターは左脳と右脳を使う……。彼らは数値を見て、そして人間を見る」ことが必要となるのです。

言い換えるならば、イノベーターとして成功するためには、数値に基づくデータ分析はもちろん必要だけれども、同等に必要なのは人間の行動をよく観察することだ、となるでしょうか。本章では特に、これからのイノベーションに必要な視点、すなわち人間の行動、心理的属性、そして共感を理解し、消費者・ユーザーに新しい「意味」を与えることの重要性について考えていきます。

†1 Peter F. Drucker, 1985, op. cit.

図10を見てください。アナハイムのディズニーランドから車で15分ぐらい西南に走ったところにあるナッツベリー・ファーム（Knott's Berry Farm）という遊園地にある乗り物のある日の写真です。この遊園地はスヌーピーのキャラクターたちのテーマパークではありますが、それよりむしろ、ジェットコースターなどの乗り物で最近は集客を狙っています。

さて、あなたがこの遊園地に勤務していて、ある日、上司からこの写真を見せられたとしましょう。この写真に写っている観客の行動から、新しい機会を見つけなさい、という課題が出されたら、どのように答えるでしょうか？

もちろん正解はありません。ある方は、この乗り物の椅子に座っている人の座り方がそれぞれ違うことを指摘するでしょう。別の方は、写真に写っているほとんどの観客の表情が楽しそうでないことを見つけるでしょう。さらにもうひとりの読者は子供向けのような乗り物なのに、大人が乗っていることを指摘するかもしれません。そして、誰か楽しそうにしている観客を探した読者は、写真の右手に写っている両手を空に伸ばしている女の子だけ楽しそう、というかもしれません。

どこに着目し、そこから何を洞察するのかが、またここでも重要なポイントとなってくるのです。なぜ、写真の右手にいる両手を離している女の子が、この写真を撮った日に、ほかの観客と違って、ひとりだけ楽しそうなのでしょうか？　この観客にとって、この乗り物はどういう意味をもっていたのでしょうか？　遠心力を使ったこの乗り物の体験でしょうか？　この乗

図10　成功したイノベーターは数値を見て、そして人間を見る
（ナッツベリー・ファーム、ブエナパーク、2018年1月）

り物がこの観客に与えた何か特別な「意味」でしょうか？　それとも、この遊園地のもつ「意味」でしょうか？　乗り物自体の体験よりも、その日、この遊園地と乗り物が、日常からの解放、自由を与えたのでしょうか？

購買決定の瞬間を考えることで見える「意味」

さて、この「意味（meaning）」ですが、人間がある製品を購入する際、あるいはあるサービスを使う際には、一体何がその選択の決定因になるのかを考えることで見えてきます。私たちが使う用語で言い換えると、「購買決定の瞬間（buying moment）」は一体どういうシナリオで起こるのだろう、一体何がそれを促すのだろう、という課題です。

もちろん、消費者は製品の品質・機能・装備・耐久性・サイズ・色といった客観的な属性を考慮に入れますが、それに加えて、あるいは往々にして、それより重要な決定因となるのは、その製品が呼び起こす感動・共感、そして、その製品が消費者にもたらす心理的、文化社会的満足度なのです。

アートセンターでは長年にわたり、この感動・共感を特に重要視してきていますが、イタリアのミラノ工科大学（Politecnico di Milano）教授のロベルト・ベルガンティ（Roberto Verganti）

図11a　新しい意味の創造（ベルガンティの研究）

製品・サービス分野	新しく導入されたブランド・製品・サービス	それ以前に主流の「意味」	新しく創られた「意味」
ゲームコンソール	任天堂Wii	取り込まれた若者向きのバーチャル世界の受動的体験	万人向きの体を動かす能動的エンターテイメント
ポータブルオーディオプレーヤー	Apple iPod	どこでも音楽が聴ける	自分の好みに合わせて音楽プログラムを製作できる
キッチン用品	Alessi	料理の効率性を高める便利な道具	遊び心があり、部屋に置きたくなるオブジェ
照明器具	Artemide	室内を明るくする	室内を心地よくし、人と人の交流を誘う
オフィス家具	Herman Miller（たとえば Aeron Chair）	スタイリッシュで快適な椅子	"Seating Machine"
エコカー	トヨタ プリウス	燃費がよい	地球を救う
ブレーキ（自動車・オートバイ用）	Brembo	内蔵された見えない部品	車外から見える高性能な部品
腕時計	Swatch	スイス機械式時計：貴金属、ジュエリー クオーツ時計：正確で低価格の道具	ファッションアクセサリー
オーガニック食品小売店	Whole Foods Market	自己否定的、禁欲的、真剣な購買体験	明るく、楽しく、活気のある購買体験
ハンバーガーレストラン	McDonald's	ハンバーガーを食べる店	安全、清潔、世界中どこでも同じ、信頼できる店
コーヒー店	Starbucks	コーヒーを飲む店	自宅、オフィスを離れた第三の居場所

出所：Roberto Verganti, *Design-Driven Innovation, Changing the Rules of Competition by Radically Innovating What Things Mean* (Boston, MA: Harvard Business Press, 2009) で紹介された事例をもとに筆者が作成。

は彼の２００９年の著作 *Design-Driven Innovation*[†2] において、この概念を明確にしています。２０００年代中期までのデザイン思考に基づくイノベーションの50のケースを分析したベルガンティの研究によると、**イノベーターが製品・サービスに与えた新しい「意味」が消費者・ユーザーにとって購入の主要な決定因となる**ことがわかりました。

図11ａはベルガンティがあげる従来主流であった意味とは別の新しい意味を創造することを目的としてデザインされた製品・サービス・企業モデルの代表例を示しています。たとえば、イタリアのアレッシィ（Alessi）はキッチン用品のブランドですが、キッチン用品がもつ道具としての基本的機能の意味を変える新しい意味を提供しています。単なる道具としての使いやすさ、耐久性ではなく、遊び心いっぱいのオブジェとしてのキッチン用品が、Alessiが提案する新しい意味です。

任天堂のＷｉｉはゲームコンソール（ゲーム機）ですが、高画質で、複雑な操作を指先で行なって遊ぶゲームという意味を追求するのではなく、友だちと一緒の時間に体を動かして遊ぶゲームという新しい意味を創り上げました。

スイスのスウォッチは、クオーツ式腕時計が従来提供してきた低価格で高精度という意味から、毎年２回のシーズンごとに異なるデザインの時計を着けるというファッションをその新しい意味としました。

スターバックスが米国市場に導入した新しい意味は、コーヒー店を単にコーヒーを買う場所

†2　Roberto Verganti, *Design-Driven Innovation: Changing the Rules of Competition by Radically Innovating What Things Mean* (Boston, MA: Harvard Business Press, 2009).

から自宅、オフィスとは別の第三の場所（サードプレイス）に変えたことです。そして、トヨタのプリウスはエコカーの意味を単に燃費がよい車から地球を救う車へと変え、消費者の共感を得たのです。

また、最終消費財だけではなくて、ビジネス向きの中間財においても、創り出された新しい意味が最終消費財を購買する消費者の選択に影響を与えることが指摘されています。[†3]

その代表例としては、「インテル入ってる」でよく知られるインテルのプロセッサーの例があります。そのほかにも、イタリアの自動車・オートバイ用ブレーキ製造会社のブレンボ（Brembo）をあげることができます。従来のブレーキは車両に組み込まれて車外からは見えにくい部品でしたが、ブレンボは技術革新によるブレーキの高性能化とともに、車外からでも見えるようにブレーキキャリパーを目立つ色に塗り、最終消費者の共感を呼び起こすのに成功しました。ベルガンティがあげたこれらの例は２０００年代中期以前のものですが、本書で使う「意味」という概念はおわかりいただけたと思います。

図１１ａのリストに載っている企業に米国ミシガン州に本社を置くハーマンミラー（Herman Miller）があります。高級オフィス家具の製造会社としてD・J・デプリー（D. J. De Pree）によって１９２３年に創設されたこの会社は、実際に使う人間を中心とした家具デザインと製品の質の高さにより、世界中で共感を生むブランドとして知られています。

図１１ａそして図１１ｂに紹介されているデザインアイコンといわれるアーロンチェア（Aeron

†3　Roberto Verganti, 2009, ibid.

図11b　Herman MillerとArtemideの風景
（ドラッカースクール、2019年）

Chair）は、[†4] 2016年に公開された新海誠監督のアニメーション映画『君の名は。』の主人公の男の子の自宅の部屋に置かれ、アニメーションの中でその描写があったことに気づかれた読者の方もいるのではないでしょうか。細かいことですが、デザイン思考では観察は特に重要ですので、見逃した方は探してみてください。ハーマンミラーのアーロンチェアを使っているという描写から、この主人公のペルソナについて何をいえるのでしょう。

図11a以外の意味の例を考えてみましょう。南カリフォルニア、特にロサンゼルスに滞在された方あるいは住まれた方が、その体験としてまず口に出すことはフリーウェーでの交通渋滞ではないでしょうか。長い年月住まれた方は、昔はガソリンが安かったけれど今では1ガロン（約4・5リットル）4ドル以上になり、値上がりしたことでしょうか。

また、ロサンゼルスのような大都市に働きながら郊外の一戸建ての家に住んでいる人にとっては、毎日の車での通勤時間の長さと、渋滞中に車の中で過ごす時間の長さではないでしょうか。そうすると毎度のように話に出るのが、もしヘリコプターでももっていたら、こうした通勤の痛み・悩みはなくなるのに、です。もう少し現実的になると、もし自動運転の車があったなら、通勤はもっと楽になり、ストレスが小さくなるのに、です。さらに加えるなら、4日に1回のガソリンスタンド参りがなくなったら最高、でしょう。もし、通勤用の車が電気自動車になり家で充電でき、自動運転でフリーウェーを走り、ストレスが減るならば、電気自動車と自動運転はユーザーにとってとても大きな意味があることになります。

†4　ハーマンミラーのアーロンについては、Ralph Caplan, *By Design: Why there are no locks on the bathroom doors in the Hotel Louis XIV and other object lessons*（New York, St. Martin's Press, 1982）を参照。

ユーザーに新しい意味を提供したとき、技術革新を追求することの意味が明確になってくるのです。言い換えると、技術革新のための技術革新ではなく、なんのために技術革新を行なうのかを問うことが特に重要になります。

日本を象徴するような製品・企業が創り出した「意味」

従来、主流であった意味とは別の新しい意味を創り、日本を代表するような製品・企業に成長したという例をあげてみましょう。

教科書に載るようなクラシックな例としては、製造業における製品の機能性の拡張・深化があげられます。１９６０年代から１９８０年代にかけての日本のテレビ・ラジオ・オーディオ機器の基本的機能向上、コストの低下に加えての小型化・機能拡大がまずは思いつくことでしょう。さらには、自動車の本質的な機能の改善に加えての小型化・燃費向上・高品質化・信頼性向上といった機能の深化もあげられます。これらの機能性の拡張や深化は新しい意味の創造です。

たとえば、モニターの薄型化競争では、テレビあるいはＰＣのデスクトップモニターを薄くすることにより、置き場所のスペースが小さくてもよくなり、無駄な空間を取り除くことがで

きて、ユーザーの机上《きじょう》のスペース確保に大きく貢献しました。そして、さらにテレビやディスプレイを薄くすることにより、壁に掛けられるという新しい意味を提供しました。このような客観的な機能面における新しい意味の付加は、家電・自動車・カメラ・機械といった製造業で、国際市場における日本企業の競争的優位性の源となりました。

このようにテレビ、ディスプレイ、モニターを薄くすることにともなって新しい意味が創られてきたのですが、薄さがある段階に到達したら、それ以上テレビを薄くしてもユーザーにとっては新しい意味を生み出さなくなり、新しい需要が必ずつくり出されるというわけではありません。むしろ、さらにテレビを薄くする競争にのめり込むとそれにともなう研究開発の支出増加、それによるサンクコストの増大、その一方でユーザーにとってのベネフィットが生まれないという戦略上極めてまずい事態に落ち込むのです。

言い換えると、ユーザーにとっての新しい意味を生まない技術革新よりも、意味を生む革新が企業にとって望ましい結果を生むといえるのです。図11ｃはこの点をベルガンティの理論の図式に基づいて説明しています。横軸は意味の創造を表しています。横軸を右へ進むほど、新しい意味が創造されています。一方、縦軸は技術成果を表しています。原点に近ければ、インクリメンタルな小さな技術の向上で、上に行くほど、技術成果は向上し革新的となります。

今、Ａを出発点とすると、Ｂは目覚ましい技術革新の成果をあげたイノベーションです。ところが、Ｂは技術的には革新的でも、消費者の観点からは新しい意味を創造していません。一

方、Cは技術的に見て革新的な成果をあげているだけでなく、新しい意味も創造しているのです。

それでは、機能面に新しい意味を継続的に加えていくのではなく、従来の主流であった意味とは別の意味を創り上げ国際的な成功を収めた例、前述のベルガンティの研究をまとめた図11aに載っている任天堂のWii以外の例を考えてみましょう。ここでは特に、10年以上、あるいは数十年の長い間にわたり、世界のユーザーに共感を与え続けているという基準から、4つの製品・ブランド・企業を選びました。

少し古い例ですが、まずマツダのMX-5ミアータ（ユーノスロードスター）が頭に浮かびます。世界の自動

図11c　技術成果と意味

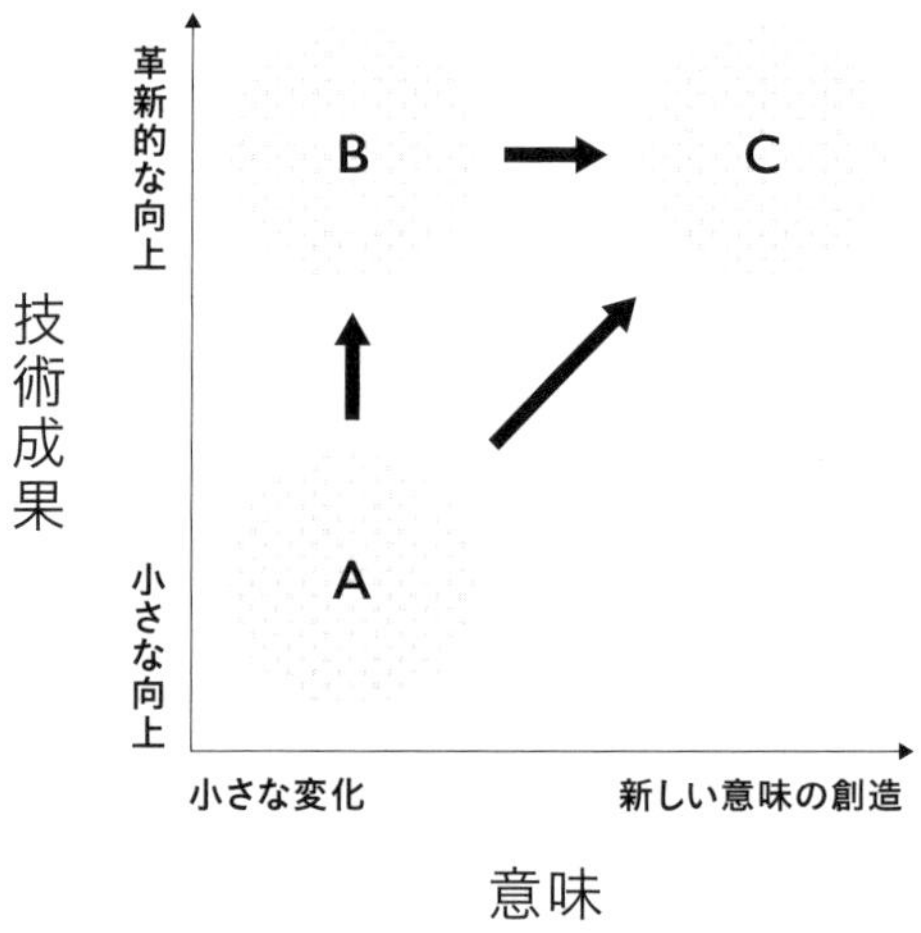

出所：Roberto Verganti, *Design-Driven Innovation, Changing the Rules of Competition by Radically Innovating What Things Mean* (Boston, MA: Harvard Business Press, 2009) を参照。

車産業の歴史を振り返りますと、第二次大戦後１９５０年代から１９６０年代には、２人乗り小型オープンスポーツカーは多くのモデルが生産され、確固とした市場を確立していました。欧州では、英国のＭＧ、トライアンフ、オースチン・ヒーレー、ロータス、イタリアではアルファロメオ、フィアット、ドイツのポルシェ、そして日本ではダットサンフェアレディ、ホンダＳ６００、トヨタＳ８００があげられます。

その後、１９７０年代に入り、スポーツカーの主流が２シーターのオープンカーから２＋２のクローズドボディのクーペに移行し、１９８０年代までには前述のような軽量で小型の２シーターのオープンスポーツカーはアルファロメオと一部の高級車種を残して、ほかのブランド、モデルはことごとく市場から撤退しました。そして、ポルシェ９１１に代表されるような、２＋２シーターのクーペで高性能、どのような道路状況、天候でも快適で速い、さらには都市のライフスタイルに見合ってスマートというのが、小型スポーツカーの「意味」になったのです。

こうした従来の「意味」とは別の「意味」を創ったのが（昔の「意味」を蘇らせたのではありますが）、１９８９年に市場に導入されたマツダのＭＸ-５といえるでしょう。小型で軽く、運転席に座って車を操縦し始めた途端に思わずにんまりしてしまう、「乗り手の意のままに操れるスポーツカー」という意味をドライバーに与えました。[†5]

馬力、最高速度、全天候性といった客観的な性能・機能ではなくて、単に運転して楽し

†5　マツダロードスターは北米市場ではMX-5 Miataの名称で親しまれ、1989–1997年の初期型は北米市場にその総生産台数の約55%が輸出され、生産台数の約7割は日本以外の市場で販売されました。北米市場のユーザーがこのモデルに対してもつ愛着の深さは、Thomas L. Bryant, *Mazda Mx-5 Miata: Twenty-Five Years*（Minneapolis: Motorbooks, 2014）を読むとよくわかります。

い、ガレージに戻ったらまたすぐに運転したくなる、というドライバーを感動させ、共感を呼ぶ「意味」なのです。１９８９年に販売が開始されてから数回のモデルチェンジがあり、客観的性能・機能向上を目指した時期もありましたが、２０１５年に導入されたモデルは原点の「意味」に戻っています。２０１６年に累積生産台数が１００万台を記録し、ギネスブックのスポーツカー生産台数の世界記録を樹立したのは、この車がドライバーに与えた「意味」によるところが大きいといっても過言ではないでしょう。

日本のブランドが新しい「意味」を創り、世界的に支持されている代表例の2番目にはアニメーションのスタジオジブリがあげられます。ジブリ以前のアニメーションはハリウッド、特にディズニーの作品に代表されるように、主人公は往々にしてステレオタイプ化されたヒロインであり（多くはお姫様です）、ありきたりの恋物語が展開されていました。

ところが、ジブリの主人公となる女の子はバラエティに富んでおり、型にはまらない性格をもっています。そして、アニメーションの中で展開される世界とその世界観がこれまでに見たことのない想像力豊かなものであるということも、筆者を含めてジブリを鑑賞した人に強く印象づけられる点ではないでしょうか。さらには、日本独特の文化が優しく、柔らかく描かれていることも、もちろんハリウッド製のアニメーションとは一線を画する点でしょう。

言い換えるならば、ハリウッドのアニメーション、特にディズニーが創った「意味」、すなわち普遍性、娯楽、おとぎ話、米国の文化、ハッピーエンディング[†6]、とは別の新しい「意味」を

†6　Dave Smith and Steven Clark, *Disney: The First 100 Years* (New York: Hyperion, 1999).

提供しているのです。もちろん、世界のアニメーション市場における規模ではディズニーには及びませんが、確固たる支持者層が世界中に存在することは特筆に値すると思います。

　日本のブランドが創り上げた新しい「意味」としては川久保玲氏が１９６９年に創設したアパレルのコムデギャルソン（COMME des GARÇONS）もその代表例といえるでしょう。コムデギャルソンは創設以来50年近くの間、制作及び製造における日本の高い技術力をもとに日本で可能なかぎり生産を行なってきています。高級ブランドなので価格帯は高く設定されていますが、その服が創る「意味」に共感する人たちの間で世界的に確固たる地位を確立しています。「多勢に動じない自分としての工夫・独自さ」という「意味」に共感する、「自分は自分」タイプの消費者の間で世界的な評価を受けてきたのです。[†7]

　最近では、コムデギャルソンのカジュアルラインPlayのハートのロゴのTシャツやスニーカーが世界の若者の心をとらえてヒットし、日本各地にあるPlayのショップでは海外からの買い物客が多く訪れ、商品を奪うように買っていく光景を目にします。２００４年にロンドンで開店した新しい小売店の形態であるDover Street Marketはその後、銀座、シンガポール、北京、ニューヨーク、そして２０１９年にはロサンゼルスのアーツ・ディストリクト（Arts District）にオープンしました。

　ちなみに、ロサンゼルスのダウンタウン、特にリトル・トウキョウからその東南に位置する区域はこの7〜8年間に再開発が進み、アーツ・ディストリクトとしてロサンゼルスのダウン

†7　Andrew Bolton, *Rei Kawakubo/Comme des Garçons: Art of the In-Between*（New York: Metropolitan Museum of Art, 2017）.

タウンに新たな意味を与えています。それ以前は「危険な地域」であったこの区域がいまや「クリエイティブな仕事をし、生活をする地域」へと、その意味が大きく変わったのです。それにともない、この地域を訪れる人が増え、ロサンゼルスの新しい目的地のひとつとなっています。アートセンターの学生に、日本のブランドの中でその「意味」が米国のユーザーにとってはっきりとし、デザイン思考の本質を示しているブランドは何かと聞くと、すぐにＭＵＪＩがあげられます。

１９８０年に設立された良品計画の無印良品（ＭＵＪＩ）ブランドは２０１７年の末には全世界で８００店舗まで成長し、その約半分の店舗は海外にあるという状況は、あまり日本では知られていないかもしれません。ＭＵＪＩの最初の海外店舗は１９９１年にオープンした英国のロンドン店で、当時ベルギーのブリュッセルに住んでいた私はロンドンを訪れるたびに、このＭＵＪＩロンドン店に関心をもち、何度も訪れました。

当時、多くのよく知られたヨーロッパのブランドが並ぶ中、「無名」をそのブランドの属性とする日本のブランドを見たときは物凄く新鮮で斬新だったのを覚えています。その後、ＭＵＪＩは海外店舗展開をゆっくりと行ない、２００７年には米国に進出し、ニューヨークのソーホー（ＳｏＨｏ）を皮切りに、カリフォルニアのサンタモニカ、サンノゼ、パロアルト、そしてロサンゼルスに店舗展開しています。

米国の事情をご存知の方は、ＭＵＪＩが出店した街の名前を聞いて、すぐにＭＵＪＩという

ブランドがもつ意味が理解でき、それに満足する消費者が住んでいる地点だけを選んでいるな、と気づくのではないでしょうか。ＭＵＪＩの製品はシンプルだけど最低価格ではないので、値段と機能面だけを見て、パスという消費者も多いかと考えます。けれども、ＭＵＪＩが創る意味――簡素の中の豊かさと美しさ、「わけ」ありのよい品、理性的な満足感――そして、ＭＵＪＩの世界観――「感じのいい暮らし」、シンプルで、自然で、無名で、調和のとれた世界――に共感する顧客を世界にもっているのです。ＭＵＪＩが米国で選んだ街は、特にそのような点に共感する消費者を多く見つけられる場所といえます。[†8]

ブランド、企業をその他大勢から引き離す「意味」「共感」「世界観」

デザイン思考の手法を使う／使わないは別として、ここでの学びは、ユーザーの心に響き、共感を生む意味、そして世界観を創ることが、世界の顧客を惹きつける要因である、ということでしょう。このことが、そのブランド、あるいは企業そのものをその他大勢から引き離すのです。ですから、アートセンターのプログラムでは、特にこの点を留意して新製品開発、イノベーションを起こすことを目指しています。

みなさんの中には、ここで紹介されている例は、ハイテクではないし、どうもニッチな製品

† 8　Masaaki Kanai, "The Chairman of Ryohin Keikaku on Charting Muji's Global Expansion," *Harvard Business Review*, January-February 2018.

と市場での成功例なので、あまり役に立たないな、と思われる方も少なくないかと思います。ドラッカーが人間の認識を理解するのに使ったたとえに、コップに半分入った水というのがあります。コップに半分入った水を見て、あなたはどのように認識するでしょうか。コップに半分しか水が入っていない、でしょうか。あるいはコップに半分も水が入っている、どちらでしょうか？

本書で取り上げた例は世界の市場から見るとニッチな例ですが、筆者はこのようなデザイン思考の本質－共感を生む意味と世界観を創り上げ、世界の顧客に受け入れられる日本のブランド・企業の例がもっともっとあってもよいはずだし、実際、もっとあって欲しいと願っています。そして、その「意味」と「共感」を生む姿勢こそが、日本の企業が苦手としている世界に認められるブランドづくりの役に立つのではないかと、考える次第です。

Chapter 5

新しい意味を創る「予備的分析」

すべての組織にとって必要なコア・コンピタンスは
イノベーションである。[†1]

——Peter F. Drucker

さて、新しい意味を創るための手助けとなるツールはあるのでしょうか？　基本的には多岐にわたるデータをもとにリサーチを行ない、Chapter2からChapter4で述べた概念を念頭に洞察を導き、試行錯誤を繰り返しながら探求するというのが答えなのですが、アートセンターをはじめとしてデザインスクールで一般的に使われているイノベーションの予備的段階で使われているフレームワークがあります。

この分析手法はChapter3とChapter4で紹介したような現在と未来の観察と洞察とは違い、あるテーマについて過去から現在へかけての歴史的発展を洞察し、そのテーマの本質を明らかにして課題を設定し、将来に向けてイノベーションの余地を探るものです。

過去・現在・未来

図12はアートセンターなどのデザインスクールで一般的に使われている、あるテーマを歴史的に分析し、アイデアを出すための予備的フレームワークです。[†2] すでに人口動態の変化を大きなトレンドの例としてあげましたが、本章では地球の温暖化に代表されるような環境問題の加速度的変化の影響を、観察された重要なトレンドと仮定します。この不可逆的なトレンドが及ぼす影響をペットボトルの使用という、誰もがその技術的背景を理解できる簡単なテーマで考

†1　Peter F. Drucker, *Management Challenges for the 21st Century* (Ney York: HarperCollins, 1999).

†2　たとえば、佐宗邦威、2015、前掲書はイリノイ工科大学デザインスクールで使われている同様な手法を紹介しています。

えてみます。

図12は左から右へ、過去に新しい製品が開発された時点、現在、そして未来を書き込みます。上から下へ、ビジネスモデル（その一要因である利潤モデル）、ユーザーに与える意味、技術などを書き込みます。たとえば、携帯飲料水容器ですと、まず一番左の列には、国によって違いはあるのですが、動物の胃袋・膀胱、日本ですと、竹筒・瓢箪を記載します。そしてだいぶ時が経った次の「過去2」の列には革新的なイノベーションとしてアルミ製の水筒があげられます。金属製の水筒は壊れにくく、大量に生産できるので、安く手軽な水筒といったユーザーへの意味がこの列に書き込めます。

過去3 1990年代〜	現在	未来
ペットボトル ＋自動販売機	水筒	水筒 ＋ 給水ステーション?
低コスト 大量消費・ 生産リサイクル ＋ 頻繁な同質的新飲料の 導入	低コスト カスタマイズ	
携帯可能、 軽い、コンパクト、 使い捨て可	携帯可能、コンパクト、 環境に優しい、 ライフスタイル	
プラスチック	ステンレス等	

ユーザーは、はじめのうちは軍隊、その後キャンプ・登山、さらには小学生の遠足となるでしょうか。そして、ユーザーにとっての意味を考えます。携帯飲料水容器の基本的機能は飲料水をどこにでも持ち運ぶ、です。過去には、機能面の改良に焦点が当てられ、壊れず、軽く、生産しやすいなどの機能が、その意味でした。アルミの水筒がもつ意味は、誰でもどこでもいつでも水が飲める、でしょうか。

観察から洞察へ、そして機会を見出す

その後の大きな変化は1990年代

図12　携帯飲料水容器の歴史的分析

	過去1 〜1890年代	過去2 1890年代〜
製品	水筒	水筒
利潤モデル	低コスト	低コスト 大量生産
Meaning（意味）	携帯可能	携帯可能、軽い、 コンパクト、耐久性
Technology（技術・素材）	竹筒、瓢箪	アルミ

初期のペットボトルです。日本では、自動販売機の普及とともに、ペットボトルの水、さらに幅広い製品が手軽に手に入るようになりました。「過去3」の列はペットボトルですが、ペットボトルが消費者に与える意味はなんでしょうか？　誰でも、どこでも、いつでも、に加えて、飲み終えた後に持ち歩かなくて済む、使い捨てができる、でしょうか。アルミといえども水筒はかさばる、飲み終えた後も、捨てずに家に持って帰らなければならないのです。

さて、その右側、現在の列です。大量のペットボトルが世界中で消費されるにともない、その廃棄物が大きな環境問題に発展しています。大きな環境の変化が起こりつつあり、これがすでに起こった変化、さらには未来になっています。すると洞察としては、環境保全のためのシナリオを考える必要があるわけです。

ひとつはリサイクル、リバース・ロジスティックスのシナリオです。もうひとつは、使い捨てのペットボトルの使用はやめて、環境に害を及ぼさない自分専用の水筒をどこにでも携帯するシナリオです。後者の場合、消費者にとっての意味は、環境に優しく、誰でも、いつでも、どこでも水が飲める、となるでしょうか。

米国の高校あるいは中学校のキャンパスでは、ペットボトルではなく自分のフラスク（携帯用ボトル）から飲むことが、この2〜3年の間に急速に普及しています。新しい世代であるGen Zのティーンエージャーの心をつかんだトップブランドはLet's Goのタグ・ラインで一気にブランドをつくり上げた米国オレゴン発のハイドロ・フラスク（Hydro Flask）です。表面的には、

高い品質、優れた機能、そしていろいろなサイズと色を提供していることが若い消費者の心をつかんだのだな、と簡単に結論づけてしまうかもしれません。前述のように、そうした製品の機能面ももちろん重要なのですが、消費者は往々にして機能面ではなく、感動や心理的・社会文化的側面から共感を呼び起こす製品を購入します。

ハイドロ・フラスクのメッセージ、「環境に優しく、自然を愛し、仲間と一緒に楽しく外に出かけよう」がティーンエージャーの共感を呼び、新しい意味を携帯容器に与えたといえます。ハイドロ・フラスクと同じような意味をもち、欧米の中学生から高校生、特に女子に人気があるのが、スウェーデンのブランドのフェールラーベン（Fjallraven）です。そのバックパックは機能性、耐久性、使いやすさといったバックパック本来の機能的属性を超えて、自然を愛しサステナビリティに関心があるという意味がこれら若い世代の共感を呼んでいるのでしょう。ハイドロ・フラスクを持ち、フェールラーベンのバックパックを背負って学校に行く世代、言い換えると、「自分はサステナビリティに関心があり、自然を愛する」という「意味」に共鳴する世代です。

さて、未来には、消費者にとっての意味はどう変化していくのでしょうか？　どのような新しい意味を創ることが必要になるでしょうか？　現在主流の意味・技術・製品を破壊するようなイノベーションの種はどこにあるのでしょうか？　環境保全の観点から将来ペットボトルが使用禁止になったら、どのようなシナリオが考えられるでしょうか？　そして、その場合に遭

遇する課題はなんでしょうか？

水筒の現在までの課題は、どのような性能・機能、どのような材質、どのような形、そしてどのような色の水筒をつくるか、であったといえるでしょう。ところが、中学生・高校生が全天候温度保存仕様の水筒を常時携帯することが日常となった現在の課題は、どこで飲料をはじめに入れ、そしてどこで補充するのか、になるのかもしれません。この課題の解は、いまや水筒の機能、色うんぬんではなく、飲料の供給の課題に移行しています。

図13は2019年9月のある日のロンドンのヒースロー空港の給水ステーションの様子をとった写真です。写真のような給水ステーションが通路を隔てた両側に設けられ、すでにこのような給水ステーションで持参の水筒に給水をする人が列をなしています。

また、ロサンゼルスのスターバックスでは、持参の水筒・フラスクに水を入れてもらいに来る人たちも見かけるようになっています。さらに続けると、水筒のデザイン・商品開発・製造ではなく、新しい事業機会とそのモデルは飲料の供給ステーションの設置、さらには特に日本では、自動販売機の産業モデルの全面的見直しにいたるまでに、将来の課題は進んでいくかもしれません。

このように、図12に表した分析手法は、歴史を振り返り、時代ごとのイノベーションの課題を分析し、現在観察される変化・トレンドが突きつける課題を理解するのに有効です。

ここまでの章では、新しい企業モデル構築のためのはじめの一歩として、大きな視野に立っ

図13　給水ステーション（ロンドン　ヒースロー空港、2019年9月）

て身の回りから世界までを俯瞰し、いま何が起きているのか、これからどのような変化が起きていくのだろうか、そして、どのような未来のシナリオを描けるだろうか、と考えることの必要性を説明してきました。

観察から洞察を導き、そこから機会をつくるためのいくつかの糸口を紹介しました。現在すでに起きている変化から将来を俯瞰するのですから、そこから将来に向けての自己のビジョンが浮き出てくるはずです。そして、このビジョンこそが、新しいモデルの軸となるのです。いくらよいアイデアを創出しても、ビジョンに基づく軸足がなければ、目的を達成するための戦略の方向がわからないでしょう。

Chapter 6

共感を生むためのツール「デザイン思考」

イノベーションとは簡単なルールにしたがって
訓練を積む分野のひとつだ。
アントレプレナーシップも同様だ。
これらに天才は必要ではない。
インスピレーションを待っていても
イノベーションは起こらないし、
女神のキスを待っていても駄目だ。
なぜなら、イノベーションも
アントレプレナーシップも「仕事」だからだ。[†1]

――Peter F. Drucker

前章では、イノベーションの歴史的分析を通じて、過去から現在にかけて創られた意味を俯瞰し、そこから未来に向けてのイノベーションの可能性を探ることを、新しい意味を創るための最初のツールとして紹介しました。

本章では、2番目のツールとして、デザイン思考の手法として使われているカスタマー・ジャーニー・マッピング、マインド・マッピング、ペルソナ、そして洞察と統合の作業を簡単に紹介します。繰り返しになりますが、本書の目的はデザイン思考を詳細に説明することではないので、デザイン思考の概念・手法について専門的に学ばれたい読者の方は、他の文献[†2]を参照されることをお勧めします。

カスタマー・ジャーニー・マッピング
——顧客の心の動きをとらえる

カスタマー・ジャーニーの目的はカスタマー（顧客）の現実の体験を記録し、その体験における感情的な高揚（Highs）と低下（Lows）を識別することにあります。顧客の体験は主にインタビューを通じて、顧客の話を聞き、顧客の視線から体験を再現します。そして、顧客の体験は、ある商品を購入した一時点の体験に焦点を絞らずに、その商品を購入する前、実際に購

†1　Peter F. Drucker, 1985, op. cit.

†2　たとえば、Jeanne Liedtka and Tim Ogilvie, 2011, op. cit.; Tom Kelly and David Kelly, 2013, op. cit.; 佐宗邦威、2015、前掲書。

入した際、そして購入後の過程を旅に見立て（カスタマー・ジャーニー）、その旅程の節目節目での体験を再現していきます。

たとえば、あなたが健康食品の新製品を開発するというテーマのもとで、顧客の話を聞き、洞察を行なうことになったとしましょう。そこで、潜在的な顧客の健康づくり・管理の体験をインタビューしてみることにしました。そのカスタマー・ジャーニーは次のようになります。

- はじめて健康づくりを意識したのはいつ、なぜ
- 健康づくりの計画（誰と、目的の選択、方法の選択、選択肢の有無）
- 実際の健康づくり（どこで、何をするのか、どのように、誰と、毎日、週間、月間、年間）
- 健康管理（どのように健康づくりを持続しているのか）
- 将来に向けての計画

あるいは、近年のインバウンド外国人旅行者の増加というトレンドに着目して、外国人旅行者の日本での体験を高めるための新しい事業機会を見つけるというテーマを抱えているとしましょう。その場合のカスタマー・ジャーニーは、実際に日本に到着するもっと前、旅行に行くことを考え始めたときから、日本から飛び立った後も続いています。簡潔にまとめると、次のようになります。

- 旅行を意識したのはいつ、なぜ
- 旅行の計画（誰と、目的地の選択、日程・旅程の選択、選択肢の有無）
- 旅行当日（家から目的地までの旅、どのように、誰と、いつ）
- 到着（第一印象は）
- 滞在・観光・訪問（誰と、どこでどれくらいの時間を過ごしたか、何をしたか）
- 帰国
- 帰宅（帰宅後何をしたか）
- 旅行後（誰と、いつ、何をしたか）

このようにカスタマー・ジャーニーを理解したら、次にインタビューを行ないます。インタビューをする目的は、あくまで顧客の目線での体験を一緒に再現することです。ですから、インタビューは聞き手があらかじめ考えていたことを証明するための証拠を引き出すような誘導尋問であってはいけません。そして、以下の点を忘れずにインタビューを行ないます。

- サプライズと理不尽な点を探す
- ストーリーと例を積極的に聞く

- 動作、しぐさ、ボディランゲージ、発声の変化に特に注目する
- 体験の中で、〝痛み・失望〟した点を探す
- 感情的な高揚と低下を見つけ、その理由を探る
- 好奇心を旺盛にする
- 沈黙は時として多くを語っているかもしれない
- 表面的な答えに安住せずに、もっと深く聞く

繰り返しますが、インタビューの目的は誘導尋問ではありません。顧客の体験を深く掘り下げて聞くのです。「5つのなぜ（the Five Whys）」という言葉がありますが、ここではまさにこれを実行し、なぜ、なぜ、なぜ、なぜ、なぜ、と少なくとも5回は聞き直し、表面的な答えではなく、感情的な高揚と低下がカスタマー・ジャーニーのどこで起きたのかを克明に記録していきます。

マインド・マッピング――考え／感情を理解し共感を深める

本書で紹介するデザイン思考のツールの3番目はマインド・マッピングです。簡単にいうと、

潜在的顧客の心理的特性をインタビューの結果から洞察し、気づいた点をまとめ、顧客を理解し、共感（Empathy）を深めていく作業です。そのため、このマインド・マッピングは共感マップ（Empathy Map）とも呼ばれています。

インタビューでは、顧客の話を直接聞いたので、インタビューを受けた人がいったこと（Say）、あるいはしていること（Do）は実際に観察することができました。ところが厄介なのは、その人が考えていること（Think）と感じていること（Feel）を知ることです。そこで、インタビューの結果から、あるいはインタビューを受けた人の行動を観察して得た学びから気づいた点を記録する作業が必要となります。そして、気づきから、共感を深めるための洞察を行ないます（図14）。

日本へのインバウンド旅行者のカスタマー・ジャーニーを先ほど紹介しましたが、筆者が講義を担当している日本のビジネススクールのMBAクラスで、この課題についてヒアリングを行ない、それに基づいて、マインド・マッピングを作成する作業を行ないました。

2019年の夏に、このクラスのひとつのチームが作成した共感マップが図14です。このチームは、インバウンドの外国人旅行者の家族、特に4～5歳の子供、あるいは1歳前後の赤ちゃんと一緒に旅行している数組の家族にインタビューし、この家族を観察し、そこからSay, Do, Think, Feelの4象限を使い、洞察を導きました。図14のFeelの象限を見ていただくとわかるように、この家族は日本での旅行はエキサイティングなのだけど、不安・心配、混乱、準備不足、

考える
THINK

日本の人たちと
会話をすることが
できるかしら?

日本では、旅行中の子供が
楽しめるアクティビティは
あるのかしら?

もし子供が病気になったら
どこへ行けばよいのかしら?
薬はどこで買えるのかしら?

予算が限られているので、
お得な情報は大歓迎

家族が楽しめる食べ物を
見つけることができれば
よいのだけれど

日本滞在中は家族が
安全に楽しい時間を
過ごせることを願っています

準備不足

興奮

不安・心配

イライラ

混乱

課題大あり

感じる
FEEL

洞察

図14 共感マップ（子供連れの訪日外国人旅行者）

言う
SAY

どこから旅行計画を
始めようかしら?

子供と一緒に
食事をするのに
よい場所はどこかしら?

どうやってレストランと
イベントの予約をするの?

旅行先でベビーシッターを
見つけることはできるかしら?

子供と一緒に
楽しめるのはどこかしら?

もっとくわしい旅先の
情報はどこから
得ればよいのかしら?

それでも不安なので
日本に行ったことのある
友人にたくさん質問した

日本とその観光地の
リサーチをするために
長い時間を費やした

イベントの予約は
できるかぎりした

旅行のブログとビデオを
数え切れないほど見た

旅行保険に加入した

日本ですることの
リストをつくった

行なう
DO

観察

©Goodman, Mundo, Paek, Pham, Yamawaki

イライラ、課題がたくさんあるのを感じていることが浮き出てきました。そして、このチームは、子供連れの家族の目線から体験を再現し、そこで生まれた共感をもとにして問題解決のためのアイデアを創ることに決めました。

ペルソナ――平均ではなく極端なユーザーを描く

カスタマー・ジャーニー、そしてマインド・マッピングといった作業から浮き出てきた人間像をペルソナという形で描写するのは、デザインスクール独自の方法です。インタビュー、あるいは観察を通じて得た情報・データをもとに具体的なカスタマー像を創ります。

　このペルソナ創造で鍵となる点は、その人物の「心理的特性」を的確に把握し、その人が、どういうタイプの人物であるかを詳細に記述することでしょう。チームで作業をしていく際に、あるメンバーがそのペルソナにつけられた名前を呼ぶだけで、チームのメンバー全員がどういうターゲット・カスタマーを意味するのかわかる、という様子はアートセンターの作業で頻繁に見受けられます。

　マーケティングのリサーチは大きなデータに基づき、市場を代表する平均的なユーザーに焦点を与える傾向がありますが、デザイン思考では、ひとりでもよいから印象深いユーザー像の

ストーリー、カスタマー・ジャーニーを聞き、そしてその人物の心理的特性、実際の行動様式から、共感を感じて、洞察を導いていくことが重要となります。

この数年の間に、京都で京阪電車に乗られた方は、車内あるいは駅構内で、「きょうは、どこいこ、京阪で。」という広告写真を見たことがあるのではないでしょうか。18人の舞子さんが京阪電車のプラットフォームで電車がくるのを待っている広告です。

さて、あなたがこの広告写真を見たとして、どのようなカスタマー像を創るでしょうか？　この18人全体に共通する点をまとめ、舞子さんの平均的な像（女性、同じような年齢、同じ町に住む、同じ職業と技能）を創り、「舞子さん全員」をターゲット・カスタマーとするのでしょうか。それとも、この18人の舞子さんのうち、特徴のある人を選び、その人特有の心理的特性に基づいて「Aさん」というペルソナを創り、洞察を導き、新しい課題を定義していくのでしょうか。後者をとった場合、このペルソナ「Aさん」の目線で語られたストーリーに感動し、共感を生む体験を知ることができるのです。

市場を代表する平均的なユーザーではなく、市場で極端な行動をとるユーザーを「極端なユーザー（extreme users）」と呼びます。デザイン思考では、この「極端なユーザー」を統計上のアウトライアー（外れ値）としてデータから取り除くのではなくて、むしろ、彼らの行動に注目します。

そして、彼らがなぜそのような行動をとるのだろうか、という疑問を投げかけます。†3 市場に

†3　Tim Brown, *Change by Design: How Design Thinking Transforms Organizations and Inspires innovation* (New York: Harper Business, 2009).

おける「極端なユーザー」の1組の行動は、たとえば、

- 頻繁に使う
- どれでもたくさん使う
- 〝ディープ〟に使う
- 想定外の使い方をする

でしょう。これに対する、ほかの「極端なユーザー」の行動は、たとえば、

- 稀にしか使わない
- どれも使わない
- 〝浅く〟使う
- 想定外の拒否

となるでしょう。そして、何がこのような極端な行動を引き起こす要因なのだろうと問いかけます。さらに、この両極端のユーザーに共通する点はあるのだろうかと、問います。そして、これらの問いの答えから、平均的な「主流のユーザー」の行動についても洞察を導きます。

洞察、統合、課題の再定義

この章で紹介した3つのツール、カスタマー・ジャーニー・マッピング、マインド・マッピング、そしてペルソナ、さらに前章で紹介したイノベーションの歴史分析と意味の変遷を情報、データとして、洞察を見つけ出していくのが次の作業です。

私たちのプログラムの経験では、この作業を行なうのに必要なのは大きな模造紙を貼ることができる広い壁のある部屋でした。ホワイトボードが壁全体に張り巡らされた部屋であればさらに好都合です。チームメンバーが壁の前に立って集まり、まず前段階で得られた情報、データ、リサーチ、そして分析を共有します。カスタマー・ジャーニー・マップ、共感マップ、そして数人のペルソナの情報を壁に貼ります。そして、カスタマー・ジャーニー・マップとペルソナを照合しつつ、ペルソナの感情の高揚と低下を識別していきます。

さらには、ペルソナが直面する痛み・悩みをジャーニーの節目節目で記録していきます。そして、これらの学びから、気づいた点をポストイットに書き抜き、壁に貼りつけます。

チームのメンバーが全員、ポストイットに書いた気づき・洞察（インサイト）を貼り終えた時点で、貼られたたくさんのポストイットをテーマ別に分け、クラスター（似たもの、関連しているものをグループとしてくくる）をつくります（図15）。

ひとたび、クラスターがつくられ、チームメンバーの洞察が明らかになると、次はこの洞察に基づいて課題を再定義する作業に入ります。

たとえば、前節で紹介したインバウンド外国人訪問客のプロジェクトにおいて、初期のテーマは外国人訪問客の日本での体験を高めるには、でした。インタビュー、カスタマー・ジャーニー、マインド・マップ、そして洞察を通して新たな課題が浮き彫りになりました。たとえば、インバウンド外国人訪問客と十把《じっぱ》一絡《ひとから》げで訪日客を考えるが、いろいろなペルソナ像が考えられる必要がある、さらに、小さな子供連れの家族客は、その旅行のパターン、行き先、目的が違うのがまずわかりました。さらには、旅行前、旅行中の悩み・痛み・不安・イライラがそれぞれ違うこともわかりました。

そして、こうした発見、そしていろいろな洞察を統合して、この家族にとっての悩み・痛み・不安・イライラがまったくない世界は一体どのようになるのだろうかという質問**「もし、すべてが可能だったら？（What if?）」を投げかけます**。

すべてが可能なとき、この家族にとっての旅行の「パラダイス」はどのようなものなのだろう？　チームのメンバーはこの問いに対する答え、すなわち、**まったく「新しい世界」のシナリオを創り、そこでのストーリーを仕上げていきます**。そして、どうしたらこのパラダイスを創ることができるのだろうか？　何が本質的な課題なのだろうか？　そして抜本的な解決策はなんだろうか？　カスタマー・ユーザーにとって新しい意味はなんだろう？　このような問い

図15　洞察、統合、再定義

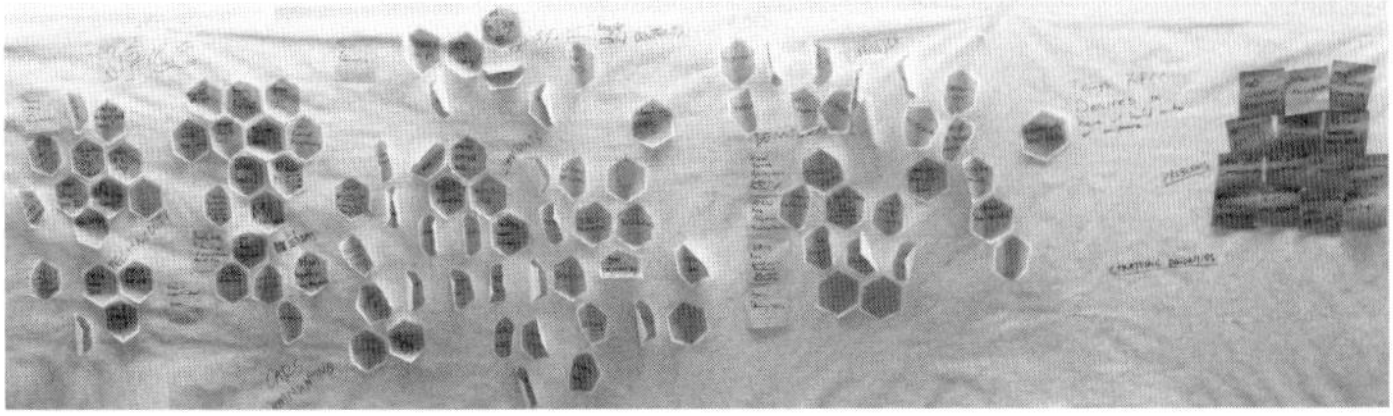

©Thomas Bertling

©Thomas Bertling

に答える創造的な議論を通して、プロジェクトが開始されたときの大きなテーマから抜け出し、新しい課題が定義されることになります。

ブレーンストーム「もしすべてが可能なら？」

前節では、目指すべき北極星としての新しい世界観が創られ、課題が定義されました。新しいアイデアを創り出すのが次の作業となります。最近よく耳にする言葉がブレーンストームですが、デザイン思考でいうブレーンストームは、部署の上司のお気に入りのペットプロジェクトを部署のメンバーが討議することを意味してはいません。

ここでは、これまでの洞察、新しい世界観、再定義された課題をパラメータとして、新しいアイデアをチームで出しあうことを意味します。アートセンターのブレーンストームのセッションでは、参加メンバーがインデックスカードにアイデアをできるかぎり、簡単な絵の形式で描き、それをもとにブレーンストームしていきます。

ブレーンストームは、ある課題に対して多数の関連したアイデアを創出する、あるいはある問題に複数の解決策を創出する思考プロセスです。そこでは自由に流れる非線形（ノンリニアー）な思考、絶えず選択肢を広げる思考が重要な成功への鍵となります。ですから、次の点

を忘れずにいることが重要です。

- できるかぎり多くのアイデアをカードに記入する
- 〝悪いアイデアは存在しない〟
- 出てきたアイデアを批評・批判しない
- 大それたアイデア、非日常的アイデア、常識はずれのアイデア、大歓迎
- 互いを励ましあう
- 主流の論理、枠組み、階層、境界をガイドラインとしない

先に示した図15の下の写真は、数年前に日本のある大手電器メーカーの事業開発と商品企画グループ、ドラッカースクール、そしてアートセンターが共同で開催した2日間のデザインストームの成果です。ドラッカースクールのファカルティとMBAの学生数名、アートセンターのファカルティと学生数名が参加して、丸2日にわたりスマートホームという大きな課題のもとで、新しいアイデアをブレーンストームして、そのアイデアをカードに書き込んでいきました。似たようなアイデアあるいは関連性のあるアイデアをクラスターとしてまとめて、表題をつけていきます。

カードに描かれた簡単なスケッチからわかるように、この時点では、拡散的思考を行ない、大

それた奇想天外なアイデアでも批判せずに歓迎し、互いに励ましあいながら新しいアイデアを出していくという作業です。ここで、特に強調されるべきは、主流の論理・枠組み・境界をガイドラインとしないという点でしょうか。

逆にいうと、「主流の論理、既存の常識・枠組みを変えてしまったらどうなるの」というフレーズが重要な問いとなります。すなわち、「もしすべてが可能だったら？」という前出の「What if?」の問いです。

このフレーズを使い、新しい世界観を創り上げた例としては、１９９２年にその大きな基礎を確立した欧州連合（ＥＵ）をあげることができるでしょう。

第二次大戦後、フランス、イタリア、オランダ、ベルギー、ルクセンブルクの西欧諸国は、敗戦国である西ドイツを平和な国家として西側諸国に位置づけ、自由貿易協定として１９５８年に欧州経済共同体（ＥＥＣ）が発足しました。欧州諸国の企業は国境で分断された小さい自国市場のみでは規模の経済性を享受することができず、貿易協定に基づく市場の拡大は重要な政策課題でした。特に、米国の多国籍企業が、本国の大きな市場とその技術・マーケティング・ブランド力による競争力を誇示し、欧州企業にとっては大きな脅威だったのがその背景にあります。ＥＥＣはその後１９６７年に欧州諸共同体（ＥＣ）に成長し、さらに１９７３年には英国、アイルランド、デンマークが加盟、そして１９８０年代にはギリシャ、ポルトガル、スペインが加盟し拡大しました。特に１９９３年のＥＵの発足では、加盟国間での国境の制約のな

いモノ・カネ・ヒトの自由な移動を目指し、当時、脅威となっていた日本企業に対する欧州企業の競争力強化も大きな目的のひとつでした。１９９３年の欧州連合は西欧諸国が抱えた問題・悩みを解決するためにWhat if?のフレーズを使い理想的な世界観を創り、そのビジョンに向かい種々の課題を解決していった壮大な実験だったといえるでしょう。

このＥＵの例は直接的にはデザイン思考の例ではありませんが、もしすべてが可能だったならのフレーズからビジョンを創り、それを指針として戦略を構築した例としてはまさに最適であると思います。

アートセンターのクラスでよく参照される企業のケースとしてはスウェーデンのＩＫＥＡがあげられます。

イングヴァル・カンプラード（Ingvar Kamprad）は１９４０年代終わりにスウェーデンの家具市場における不調和、すなわち、総人口のうちのわずかな部分が構成する市場を満たすために、大きな資源が費やされているという事実に着目しました。そしてこの不調和を変えることをＩＫＥＡの目的としたのです。

第二次大戦以前のスウェーデンあるいは近隣のドイツでは、家具は代々にわたり受け継がれる高価なもの、それゆえに注文してから納品まで数カ月からそれ以上かかるというのが通常でした。デザインも伝統的なものが多く、若い購買層の嗜好に合わないものが多く見受けられました。

カンプラードのＩＫＥＡが焦点を合わせたのは伝統的な家具の購買層ではなく、若い世代で独身、あるいは結婚したばかりで子供は0〜1人、いまだ自分の家はもたずにアパート住まい、けれども生活の質を重んじ、コンテンポラリーなよいデザインの家具に関心があるが、予算がかぎられている、そういうペルソナでした。さらに、この年代の購買層はこれから将来にかけてまた引っ越し、移動が起こる可能性が高く、家具を一生ものとして買うよりも、人生の節目節目で古い家具を処分し、買い替えていく、というカスタマー・ジャーニーを描くことができます。

このような若い購買層が当時直面していた問題は、欲しいときに家具がすぐに手に入らない、値段が高い、デザインが好みに合わない、サイズが小さなアパートに合わない、よい家具を買っても、いつ引っ越しするかわからないなどでした。

そこで考えられたのが、いまやＩＫＥＡの代名詞といってよい、「顧客が家具を組み立てる」なのです。ＩＫＥＡが家具を組み立てるのではなくて、もし顧客に組み立ててもらったらどうなるの?というのがここでのWhat if?です。

結果的には、顧客に家具を組み立ててもらうことにより、部品を平たい箱に詰められる、それにより倉庫で平積みが可能になる、完成品の家具よりも輸送費が低くなる、さらに重要なことには、ＩＫＥＡでの組み立てのための労働費用がいらなくなる、といった供給サイドのコスト軽減をもたらしました。一方、顧客サイドでは、いつでも待たずに家具が手に入る、デザイ

ンがよい、家具のサイズを簡単に選べる、相対的に価格が安い、といったように、従来の家具購買にともなう若い顧客のもつ問題を解決しました。価格は安いのだけれど、顧客が自分で運送し、組み立てなければいけない、そして、組み上がった家具は一生ものとしての耐久性はもたない、という顧客にとっての負の点は低い価格で相殺されるというのがＩＫＥＡのモデルの仮定といえます。

　ＩＫＥＡがターゲットとする若い顧客像は世界中に存在し、かつ同じような問題に直面していたため、ＩＫＥＡは世界の家具産業では極めて稀なケースであるグローバルな企業に成長したことは周知の事実です。

　さて、本章で紹介してきたデザイン思考のツールに基づくリサーチから得られた洞察を統合して、課題を再定義したとしましょう。そうすると、次の作業は、この課題に対する解決案を考え、プロトタイプをつくることになります。この解決案は実際に具現化できるものである場合もあるし、ビジネスモデルの新しいアイデアであるかもしれません。

　アートセンターとドラッカースクールのプログラムの締めくくりのプロジェクトでは新しいビジネスモデルをつくることになります。

Chapter 7

世界観と意味

What will be our business?[†1]

——Peter F. Drucker

私はこれまでの10年間、戦略とデザイン思考のコースを米国で担当してきましたが、毎年必ず気がつくことがあります。また日本で行なうビジネスマン・ウーマン向けのワークショップでも毎回同じように気づく点がありました。

この経験から察するところ、ビジョン、世界観、感情移入、そして日本企業にとってのハードル、この4点はデザイン思考を使って新しいアイデアを創出し、それをもとにビジネスモデル、さらには戦略モデルを構築していく過程で、成功（あるいは失敗）の鍵となるようです。

ビジョン——主観的に世界観を創り、将来のシナリオを描く

ビジネススクールのMBA学生が履修しているデザイン思考のクラスでは、リサーチがどうしてもドライで客観的なデータ分析に落ち着きやすくなります。これは、ビジネススクールのひとつの学習目的である、客観的なデータを使い科学的な分析を行なうためのスキルを習得する、という分析能力の強化によるところが大きいためです。

もちろんこのスキルを得ることはMBAの学生には不可欠なのですが、どうしても感情に訴える、あるいは共感を深めていくようなデザイン思考のアプローチが疎かになってしまう傾向が見受けられます。インタビューをして、カスタマー・ジャーニーを図式化し、マインド・マッ

† 1 Peter F. Drucker, 1973, op. cit.

ピングを考え、ペルソナを創るのはよいのですが、その後の洞察・統合のところで、データの読み方、リサーチからの洞察が客観的になり、導かれる洞察があまり新鮮でなくなり、そのため出てくる解決案がもうすでに誰かがやっているようなありきたりのものになってしまうのです。これではせっかくデザイン思考を導入しても、その成果が出せないことになります。

そこで重要になってくるのが、Chapter2とChapter3で述べたように、世界で、国内で、産業で、地域で、家庭で、身の回りで何が起こっていて、いろいろな変化を引き起こしているのかを、いま一度見直し、ペルソナあるいは自己の目線で、将来のシナリオを描くことです。

ですから、Chapter6でも述べたように、**大きな開かれた視点から、主観的に、自己の世界観を創り、それから未来へのビジョンを創る**ことが必要なのではないかと考えます。

世界観——新しい意味を創るには自己の世界観が必要

さて、次はこの自己の世界観についてです。リサーチをまとめて、洞察を行ない、そこからゼロベースの新しい世界を考えるのが課題再定義に必要なのですが、私の経験のかぎりでは、どうもこの**新しい世界観を創るという作業こそが、言うは易く行なうは難しい**のです。

特に、この数年の間に機会をもった日本のビジネスマン・ウーマン向けのデザイン思考と戦略のワークショップでは、すでに存在する世界観、あるいは誰かがすでに行なおうとしている世界観、あるいはグーグルで検索できる世界観にみなさんが飛びつく傾向が見受けられました。あるいは、洞察からすぐにＡＩ、あるいはアプリに直行し、新しい意味を考え、提供するよりも、何はともあれＡＩとアプリの世界を考えるパターンも頻繁に観察できました。つまり、もちろん例外はありますが、新しい意味を創るために必要となる新しい世界が、前章で紹介した手法の洞察・統合をする過程で見えてこないのです。ビジョンと同じように、世界観とはその人独自の世界が存在し、独自に世界を見る力をもっていることです。

言い換えると、世界観を創るということは、独自の空間をつくり、独自の存在感をつくることになるでしょう。ですから、デザイン思考からイノベーションを起こしていくためには、リサーチの段階の後、チームメンバーが自分のビジョンと世界観をもう1回深く考え、それをもう少し強く前面に押し出していく必要があるかと思います。

感情移入――ペルソナの体験から共感を引き出す

もうひとつ、過去のワークショップから気づいた点は、感情を移入したストーリーは共感を

深める、という点です。ＭＢＡの学生の得意とするパワーポイントでの発表は客観的な事実、あるいはファイナンスの分析などにおいて要点を簡潔にまとめて提示できるという点では有効かと思います。

その一方で、パワーポイントに発表内容をことごとく詳細に書き入れた発表は、感情に訴えないのも事実です。簡単にいうと、退屈（boring）ということになります。

そこで、私たちが強調するのは、**ペルソナが体験したことから共感を生むストーリーを語り、それを通じて聞く人の感動に訴えることです**。つまり、データによる客観的な分析だけではなく、ペルソナの体験をその目線で再現し、感情移入していくことが必要となります。

デザイン思考の枠組みを行ったり来たり

スタンフォード・デザインスクールが体系化したデザイン思考の枠組みは、簡単にいうと、「共感を生む」→「定義する」→「アイデアを創出する」→「プロトタイプをつくる」→「テストする」という5つの要素の流れで表されています。この枠組みは非常に明快で使いやすい反面、これをテンプレートとして段階的、機械的に作業を進めていくと、どうも、デザインの本質と少しずれるような感じがあるというのが、実践に焦点を合わせているアートセンターのア

ンディ・オグデン（Andy Ogden）と他のファカルティの意見です。

重要なのは、ステップバイステップ、あるいは段階的なリニアーに流れる作業というよりも、各要素を行ったり来たりしながらノンリニアーな関係からアイデアを出していくのが必須となるのです。ですから、デザイン思考の講習で、この枠組みをテンプレートとして学び、いざ実践で使うとなると、各要素をバラバラにして行ったり来たりの迷走を恐れないことが成功への鍵となるかと思います。

さて、このようなデザイン思考の実践の視点からの気づきをもとに洞察を引き出すと、どうやらChapter4とChapter5で述べてきた「意味」はドラッカーの示唆する「すでに起こった未来」から、そしてデザイン思考のプロセスである洞察・統合作業から創造される「世界観」、そして「ビジョン」と密接につながっているように考えられます。

新しく提案された世界観、そしてその中で創造された製品・サービス・ビジネスモデルが新しい意味をユーザーに与え、それがユーザー・シナリオとなっていくのです。

世界の市場で存在感を示した日本の製品・ブランドが、新しい意味を提供した例としてマツダのMX-5（ロードスター）をあげました。MX-5の新しい意味は小型で軽く、運転席に座って車を操縦し始めた途端に思わずにんまりしてしまう、「乗り手の意のままに操れるスポーツカー」でした。

ではユーザーにとっての世界観はどうでしょうか。カリフォルニアを南北に走る州道1号線、

パシフィックコースト・ハイウェイとして知られている海岸沿いの道を進み、高級住宅街として知られるマリブの先で山道に入り、昔、俳優のスティーブ・マックイーンがよく走ったマルホランド・ドライブの空いた山道をオープンで一気に駆け抜ける。これが米国のロサンゼルスに住むスポーツカー好きのペルソナが心に描くひとつの世界、「パラダイス」なのではないでしょうか。

　スタジオジブリが描く世界観はディズニーの描く世界観とは違うとても創造力豊かなものであることはすでに述べました。逆にいうと、ディズニー創設者のウォルト・ディズニーも特有の世界観をもち、独自の空間をもっていたのです。

　コムデギャルソンの描く世界観は、イタリア・フランスの伝統的なオートクチュールが描いた世界観とは別のものであり、独特の存在感をつくり、長い間それをもち続けてきました。

　ワンオクロックは、つらいことがあっても頑張ろう、前向きに進んでいこう、あそこに行きつこう、自分は自分で他人にはなれないし、なる必要もないんだよ、という意味をもつ歌詞で独特の存在感を示し、その前向きの歌詞の意味が世界の若者の関心を惹きつけているといってもよいでしょう。

　また、ＭＵＪＩの世界は「シンプルで、自然で、良心的で、調和がとれた世界のコミュニティー」となるでしょう。この意味に共感する人が多く住む大都市、大学の近くの街が、米国ではその世界となっています。

海外の例では、前出のＩＫＥＡの創設者イングヴァル・カンプラードのビジョンと世界観、いうまでもなく、スティーブ・ジョブズ、さらにはイーロン・マスク独特のビジョンと世界観はよく知られているところです。

世界のユーザーの共感を呼ぶ世界観を創り、その世界に到達するように新しいアイデアを出し、それがブランドにつながっていく、そのような成功パターンがこれらの例から見てとれます。そこでの鍵は「世界で共感を生む世界観と意味」となるのではないでしょうか。

日本企業がデザイン思考を導入するのは難しい？

共感を生む新しいアイデア、そして意味を創出するためのデザイン思考の基本的なツールをすでに紹介しました。ここまで読まれた読者の多くは、**デザイン思考の概念は魅力的だけど、うちの会社では実際に使えないな、**あるいは、**デザイン思考の概念を導入して新しいアイデアを出すのは可能かもしれないけれど、そのアイデアに基づいて新しい事業を展開していくのは今の会社では難しい、会社の組織を大きく変えないと無理だな、**と思われたのではないでしょうか。

筆者は２０１２年以来、日本でデザイン思考の講習をビジネスマン・ウーマン向けに開く機

会を多くもちましたが、参加者の方からいただいた感想で最も頻繁に耳にしたのは正直、この点でした。さらに、デザイン思考を社内人材養成プログラムに正式に取り入れている企業でも、デザイン思考の講習が講習のための講習に終わってしまい、実際のイノベーションあるいは企業モデルの改革に結びつかないという声も多く聞きました。

特に前章で紹介した、ゼロベースで新しい世界観を築き、それを指針として課題を定義し、もしすべてが可能だったらというフレーズでアイデアを出し合うプロセスにいたっては、まったくＮＧとなる企業も少なくないようです。スタートアップの企業なら可能だけれど、既存の日本の大企業でデザイン思考を導入するにはトップレベルの理解とリーダーシップがないと難しい、というのが一般的な見解のようです。

それでは、デザイン思考は、日本の企業の組織に融合するのがとても難しい思考体系なのでしょうか？

その一方で、Ｃｈａｐｔｅｒ１で述べたように、日本には綿々と築き上げられた「問題解決のための発想」をいたるところで見つけることができます。ここまで紹介してきた**デザイン思考と日本に特有の「問題解決のための発想」はどこに違いがあるのでしょうか**？　日本特有の「問題解決のための発想」の例をいくつか紹介した際に述べましたが、こうした例は日本の街を歩けば、犬も歩けば棒に当たるではないけれど、街のいたるところで、あっ、こんなところにもある、という感じで見つけることができます。まさに、日常の中で直面する悩み・痛みの問

題を解決し、日常の体験を向上させているのです。

言い換えると、生活の知恵ともいえるようなイノベーションであり、古い諺の〝必要は発明の母〟に当てはまり、日常生活のここかしこで見つけられるのです。このような、生活という現場に密接に結びついて、経験と試行錯誤により解決策をつくり上げていくのが日本の街角で頻繁に見られる「問題解決のための発想」の手法であるといえるようです。

ところが、デザイン思考は欧米で構築された概念手法であり、カスタマーとの共感を深めていく一方で、洞察・統合・再定義というような面倒で概念的な作業を行ない、システムとして新しい世界観を創り上げていくというのは、すでに紹介したとおりです。

そうしますと、システムとしてアイデアを出していくというプロセスが、デザイン思考を取り入れる際のハードルになっているのかもしれません。

印象派的ではありますが、日本と欧米、特に米国の企業との違いは、デザイン思考を戦略上重要なプロセスとしてトップダウンで組織の中に埋め込んでいるかいないか、にあるかと思います。

米国の企業の中でデザイン思考のアプローチを戦略に組み込んでいる企業としては、スタートアップ企業だけではなく、ハーマンミラーのような中規模企業、プロクター・アンド・ギャンブル（Procter & Gamble、P&G）、アップル、グーグル、IBMなどの大企業もあげられます。筆者の経験からいっても、既存企業の場合、トップのマネジメントがデザイン思考を戦略

に組み入れて組織と企業のカルチャーに埋め込もうという熱意がないと、うまくいかないのです。すでに存在している組織を変革するのは、とても大きいハードルであることはよく知られた事実です。これが2番目のハードルです。

アートセンターの工業デザインプログラム（Grad ID）のディレクターで、アートセンターとドラッカースクールのＩＳＤ共同プログラムの共同ディレクターでもあるアンディ・オグデンによると、「米国企業では、一般的にいって、従来、戦略的思考と目的達成のための戦略の構築・実行が重要視され、さらにマーケティングで仮定されるような市場を代表する平均的な顧客に焦点を当ててきた。ところが、２０００年代中期に入り、ミレニアル世代が市場の主要なユーザー層になり、人種構成も変化するにつれて、変化の兆しが出てきた」。

すなわち、ユーザーの多様化が進み出し、それに対応する必要もあってデザイン思考のような特定のペルソナを考え、共感を深める手法が脚光を浴びるようになってきたそうなのです。それまでの技術革新一辺倒ではなくて、人間を中心において、人間の共感を重要視する方向へ向かって少しの舵取りをしたのです。

アートセンターのようなデザインスクールでは１９６０年代から過去数十年にわたり綿々と「人間中心」の問題解決のために、この手法を使ってきたので、何をいまさらという感じもなきにしもあらずとアンディ・オグデンは感想を漏らしていました。いうならば、数十年の間使ってきた手法が、「すでに起こった未来」によって新しく脚光を浴び始めたといえるでしょう。

一方、日本では、顧客の視点に立ち、顧客が直面する問題を解決していくという発想が昔からあるのはすでに述べたとおりです。ですから、デザイン思考のインタビューとかペルソナの手法を講習された方の中には、「なーんだこれ、ずーっとやっているよ」と思われた方も多かったのではないでしょうか。そこで、デザイン思考は特に始めなくてもいいな、となるのかもしれません。ユーザーの感情を理解し、共感を得る製品をつくることの重要さを理解している日本の企業も多く存在するよ、と指摘される方も多いと思います。

ところが、日本の読者の方に一番気づいていただきたい点は、インタビュー、マインド・マッピング、ペルソナの手法自体ではなくて、その次の段階である洞察・統合・再定義、さらに新しい世界観と意味を創ることの重要性なのです。そして、この新しい世界観と意味を戦略につなげていくことなのです。つまり、戦略は企業の目的・使命、そして将来へのビジョンの軸に基づいて構想されるべきなのです。ですから、手法うんぬんではなくて、大きな視野に立ち、将来を見据えてビジョンを生み出し、それと並行して新しい世界観を創り、それを軸として戦略を構築していくのです。

アートセンターに移る前はディズニーのイマジニアリングＲ＆ＤのＶＰ（ヴァイスプレジデント）であり、米国のホンダ・リサーチ・インスティテュート・ＵＳＡにも勤めたアンディ・オグデンは、ディズニーとホンダの決定的な違いを一言でいうと、「ディズニーにはトップダウンの戦略があったけれども、ホンダでは現場のマネジメントが強く、会社としての戦略という

ものがあったのかよくわからなかった」と私に語ったことがあります。

もちろん、ディズニーとホンダでは業種が違うし、この2社に彼が勤めていたときの職務は違うので、安易に比較はできませんが、彼の体験はこの2社における戦略構築の重要度の違いを少しは反映しているのではないかと思います。

まとめますと、米国の企業に必要になってきたのは、多様化するユーザーの感情を理解し、共感を得るイノベーションを起こすという発想、日本の企業に欠けているのは米国の逆で、統合的なマネジメントの視点と戦略の構築・実行なのです。日本には「問題解決のための発想」と「共感をもつこと」の土台が社会の中に埋め込まれているので、強みであるこの土台を活かせばよいのです。

さらには、Chapter2で述べたドラッカーの問いWhat *will be* our business?とWhat *should be* our business?に明確に答えることが日本企業にとっての重要な問題であることが、ここでも浮き彫りになりました。ビジネスの目的と将来へのビジョン、そしてそれを達成するための戦略が今、必要とされているのです。デザイン思考が問題解決のツールだけではなく、企業の目的・使命、ビジョン、そしてそれらを達成するための戦略を構築する手段であると納得することが、第三のハードルです。

デザイン思考の日本におけるハードルの4番目は新しい意味、世界観を創ることです。日本の企業は従来、顧客にアピールするためのアプローチとして質の向上、製品の機能化、あるい

は外観上のバリエーションの多様化（形、サイズ、色、デザインなど）に焦点を合わせてきました。そして、同質的な製品を市場にいち早く出す競争に追われてきました。[†2]

インバウンド訪日外国人が驚嘆することのひとつに、製品のバリエーションが海外とは比べものにならないほど多いことがあげられます。たとえば、ＬＯＦＴ、東急ハンズの文房具売り場における筆記具のモデル、色、形、ペン先の太さのオプションの多さ、あるいはビックカメラなどにおける電器製品、カメラ、スマホとスマホ用品、イヤホーンなどの、同一機種に対する同質的製品の多さです。デザイン思考では、こうした機能化、質の向上、バリエーションの多さは重要なのだけれども、ほかとは違う意味、世界観をもつ製品・サービスをつくり出すことをその課題・目的としています。

このような競争環境で競争に勝ち抜いていくには、新しい意味、世界観を提案し、共感を創り上げ、他社を遠くに引き離すことが必要となります。そうしなければ、市場で埋没してしまうのです。

†2　淺羽茂『日本企業の競争原理　同質的行動の実証分析』東洋経済新報社、2002。

Chapter 8

新しい戦略モデルを構築する

戦略とはあなたにとっての希望ではない。
戦略とはあなたにとっての仕事である。[†1]

——Peter F. Drucker

ここまでの議論をまとめると、本書で提示したい戦略構築への新しいフレームワークは図16のように表すことができます。簡単にいうと、図1で紹介した直感的なアプローチとマネジメントの分析のアプローチを掛け合わせて、戦略構築への道しるべを表したのが図16です。

Chapter2で言及したビジネスの目的・使命が出発点となります。なぜ、私たちの会社が存在するのか、あるいは何が私たちのビジネスなのか、がそこでの問いです。それと補完的な関係にあるのが価値と原則に関する問いです。つまり、私たちは何を信じるのか、そして私たちはどのように行動するのか、です。

本書で焦点を合わせているのは、次の段階です。図16の中段右にある箱は「すでに起こった未来」であり、現在起こっている事象、そしていろいろな領域でのトレンド・変化を観察して、未来のシナリオを創ります。中段左はデザイン思考を使い、「共感」「新しい世界観」そして「新しい意味」を創り上げるのですが、重要な点は、右の「すでに起こった未来」を念頭に置いて世界観、そして意味を創ることでしょう。

そして、新しい世界観・意味から将来の目的、あるいはビジョンを構築していきます。私たちのビジネスは何になるのだろう、私たちは何になりたいのだろう、という問いです。この3つの箱はステップバイステップで考えられるというよりも、同時進行的、非線形的に考えるべきものでしょう。さらには、冷めた洞察ではなく、感情のこもった主観的な世界観、ビジョンを描いていくことも前章で述べたように必要になるかと思います。

†1 Peter F. Drucker, *Managing the Non-Profit Organization* (New York: HarperCollins, 1990).

読者の中には、なーんだ、これってマネジメントの基礎の焼き直しじゃない、と思われる方も多いかと思います。まさにそのとおりなのです。

なぜ、そんな初歩的なことをここでわざわざ取り上げているのでしょうか。なぜならば、この目的－ビジョン－戦略という流れを忘れてしまっているような、あるいは目的－ビジョンがわからなくなってしまった経営者・企業が最近増えているような気がするからです。

ほとんどの企業のミッション・ステートメントには目的、ビジョンが普通は書いてあると思います。そこに書かれた目的とビジョンを最近、読まれましたか？　それは、いまだにあなたの企業の指針ですか？　それとも、ずいぶん以前に書かれたままで、見向きもしなくなっているのでしょうか？　最近、新しい目的とビジョンをつくったとしても、それがなおざりになっていないでしょうか？

そして、重要なのは中段にある**「すでに起こった未来」と「共感」です。本書が強調したいのは、この2つです。企業の長期的目的・ビジョンにこの2つをはっきりと組み込むことによって、新しい指針と目的ができ上がるとここでは考えます**。

言い換えると、デザイン思考から導かれる共感、そして新しい意味を製品開発過程における単発的な単なるひらめきとせずに、それを「すでに起こった未来」と融合させて、企業全体の長期的な目的とビジョンとして組み込んでいくことを勧めているのです。そして、それを達成するための戦略を構築していくのです。

図16　目的、価値、未来、共感、世界観、ビジョン、そして戦略

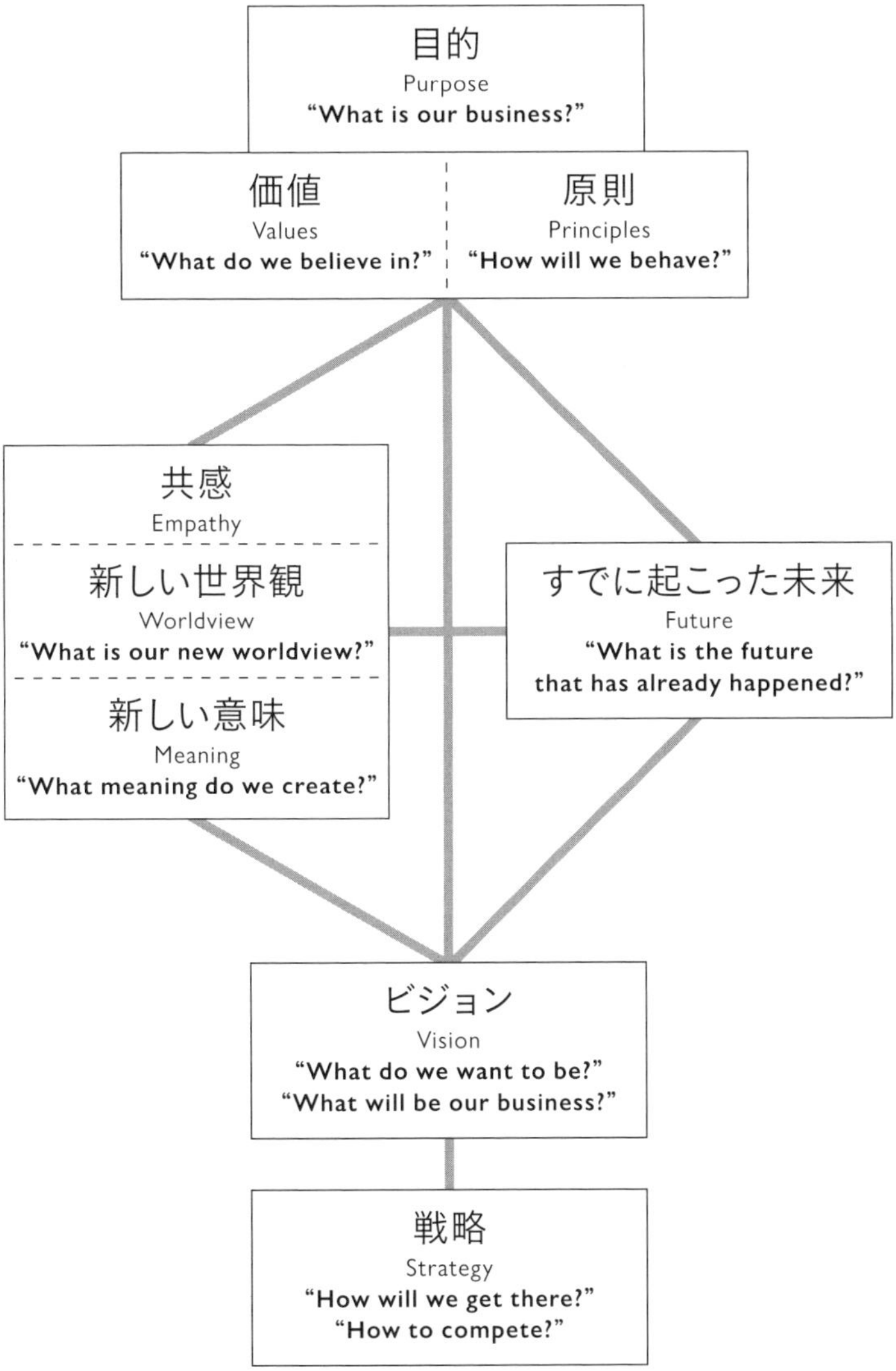

戦略とは何か

戦略と聞くとすぐに、ああマイケル・ポーターのファイブ・フォース分析ね、と連想される方は多いのではないでしょうか。それほどまでに、ポーターのファイブ・フォース分析は広く知られているのですが、さて戦略とはなんですかと、もう一歩掘り下げると、いろいろな答えが返ってきます。

ビジネスにおける戦略としては、基本的には企業戦略（Corporate Strategy）と競争戦略（Competitive Strategy）に大きく分けることができるでしょう。

企業戦略を理解するには、アルフレッド・チャンドラー（Alfred D. Chandler, Jr.）がハーバード・ビジネススクールの教授になる以前のＭＩＴ在籍中に書いた著書を参照してみましょう。**チャンドラーの定義する戦略**とは、

> 企業の長期的な諸目的の決定、そして、それらの達成のために必要な行動指針の選択と資源の配分[†2]
>
> ——Alfred D. Chandler, Jr.

†2　Alfred D. Chandler, Jr., *Strategy and Structure: Chapters in the History of the American Industrial Enterprise*（Cambridge, MA: MIT Press, 1962）.

です。すなわち、図16で表したように、長期的な目的、ビジョンを達成するために戦略が必要となるのであり、**戦略はビジョン達成のためのゲームプラン**なのです。長期的な目的達成のために、どの産業に参入するのか、どの産業から退出するのか、どの分野に多様化するのか、特化するのか、どの企業を買収するのか、どの企業とアライアンスを結ぶのか、そしてどの地域、国に事業を展開するのかなどの選択の決定です。長期的な目的とビジョンにそぐわない刹那的な多様化、Ｍ＆Ａ、アライアンス、海外展開よりも、目的・ビジョン達成のための選択肢としてこれらを、各部門を統括する本社（General Office）が選択・決定していくのが、チャンドラーの定義する戦略です。

一方、競争戦略はハーバード・ビジネススクールのマイケル・ポーターが１９８０年に出版した著書 *Competitive Strategy: Techniques for Analyzing Industries and Competitors*[†3] にその端を発するといっても過言ではないかと思います。ポーターの戦略については、さまざまなところで詳細に紹介されていますので、ここでは次の引用にとどめましょう。

†3　Michael E. Porter, *Competitive Strategy: Techniques for Analyzing Industries and Competitors*（New York: Free Press, 1980）.

競争戦略の本質は他と違うことをすることである。すなわち、他と違う事業活動を恣意的に行ない、他にはない価値を提供することである。[†4]

——Michael E. Porter

ポーターの競争戦略は基本的には製品差別化とコスト・リーダーシップに大別でき、競争上の優位性を確立するために新しいポジションを既存産業内に見つけることを提案しています。**INSEADのチャン・キム（W. Chan Kim）とレネ・モボルニュ（Renée Mauborgne）が提案した戦略**[†5]**は、ポーターの競争戦略の批判にその出発点を置き、既存の産業の枠から出て、新しい市場スペースをサメがまだいないので血で汚れていないブルー・オーシャンにつくりなさいと提案**してきました。

この2つの戦略は相反する関係にあるように考えられがちですが、実際には、企業の成長過程において両方の戦略が必要になります。新しい技術あるいはビジネスモデルをもって起業した場合には、ブルー・オーシャンで事業を始めることが多いのですが、時間の経過とともに、はじめは競争相手のいなかったスペースに参入が起こり、ブルー・オーシャンが徐々に赤くなっ

†4　Michael E. Porter, "What is Strategy," *Harvard Business Review*, 74, 1996.

†5　W. Chan Kim and Renée Mauborgne, *Blue Ocean Strategy: How to Create Uncontested Market Space and Make the Competition Irrelevant* (Boston: Harvard Business School Press, 2005).

ていくというホラーストーリーはよく聞く話です。テスラの創設期にはブルーだった電気自動車の市場が、これから数年後には既存の自動車メーカーの参入によって真っ赤になることがすでに予想できます。Uber や Airbnb の市場もすでに真っ青とはいえません。

ブルーだった海が赤く染まるころに、ポーターの競争戦略が重要な意味を帯びてきます。競争に対応するためにどのような戦略を選択肢の中から選ぶのかです。

　スターバックスは、米国における従来のコーヒー店のもつ「意味」を、コーヒーを買う場所から自宅、オフィスから離れて過ごす第三の場所に変えました。コーヒーの味、質はもちろん大事なのだけれど、この新しい「意味」を創ったことが、スターバックスが従来のコーヒー店とは別の市場を１９９０年代初期に創れた理由といえるでしょう。ところが、米国市場で25年前にはブルー・オーシャンを謳歌できたスターバックスは、いまや、マクドナルドさえもがその競争相手になり、店に行ってコーヒーを飲む体験の「意味」が薄れ、車から降りずに注文できるドライブスルーを併設した店が米国では多く見られるようになりました。さらには、世界に進出していく先々の市場には競争相手が溢れ、多国籍企業のネスレとは家庭用・オフィス用コーヒーメーカーの市場で争い、コカ・コーラとは、そのＭ＆Ａ戦略の結果として、英国、そして欧州で競合する状況になっています。

　ここで、Ｃｈａｐｔｅｒ２で導入したドラッカーの３つの問いを思い起こしてください。最初

の問いはWhat is our business?でした。そして、この問いをビジネスが苦境に陥っているときに問い直してみてくださいと述べました。次の問いがWhat *will be* our business?、3番目がWhat *should be* our business?でした。

最初の問いに対する、1990年代のスターバックスの答えは「自宅、オフィスから離れて過ごす第三番目の場所をつくる」であったのではないでしょうか。それでは、今はどうでしょう？　2番目、3番目の問いへの答えはどうなるのでしょう？　その目的を達成するための戦略はどうなるのでしょうか？　企業戦略と競争戦略は相反するものではなく、企業の成長過程において変化する目的・ビジョンによってその重要度が変わります。企業の事業のスコープの広さによってもその相対的な重要度は変わりますが、この2つの戦略は手に手を取って実行されるものと考えるべきでしょう。本書では、ポーターの競争戦略かブルー・オーシャン戦略か、といったアカデミックな議論ではなく、目的を達成するために、

「どのような作戦を展開するのか？」あるいは「どのように目的を達成するのか？」

という問いが実践上重要になると指摘しておきます。そして、その問いに答えるには、次の4つの問いを考える必要があります。

- どのような意味をもつ製品とサービスを消費者に提供するのか？
- どのような消費者をターゲットにするのか？
- どのような価格帯で、どのような消費者の価値を満たすのか？
- どこの国、あるいは地域の消費者を対象とするのか？

「良いものを安く」戦略

さて、本書で意味する戦略とは何かについて述べたので、本節では、日本の企業がとる戦略について考察します。もちろん、日本の企業にも大きな個体差があり、日本企業の戦略という表現は非常に一般的なのですが、よく耳にするのは「良いものを安く」という戦略です。「良いものを安く」が戦略とすると、この戦略が達成すべき目的はなんでしょうか？　良いということは他社の製品よりは良い質を意味しているのでしょうし、安くは他社の設定する価格よりは低い価格を意味するのでしょう。

そうすると、直接の目的は「コスト・パフォーマンスを上げ、他社との価格・品質競争に勝つ」となるのでしょうか。言い換えると、他社と違う市場スペースを開拓するのではなくて、他社と同じ軸、コスト・パフォーマンスで競争していくというのが前提です。この考えを、簡単

な図式によって表してみましょう。

図17はある産業のコストと品質の関係を表したものです。右上がりの曲線は効率性フロンティアと呼ぶことにします。効率性フロンティアは、その時点で利用可能な技術、ノウハウ、品質管理能力などを考察の出発点として、ある水準の品質を達成するために実現可能な最低コストを表しています。この産業で最も効率的な企業は、この効率性フロンティア曲線上に位置すると考えます。

さて、ある日本企業がとるコスト－品質の戦略的組み合わせをAとしましょう。この企業は最も効率的にqという水準の品質の製品を製造しています。この企業が、この品質水準を落とすことなく、コストを下げるにはどうしたらよいでしょう。この効率性フロンティアの上では、品質を落とさずにコストを下げるのはすでに限界となっています。

コストの上昇を引き起こすことなく品質を高める、あるいは品質を落とすことなくコストを下げるためには、効率性フロンティアを外側にシフトすることが必要です。生産過程の効率を上げ、生産性を高めるイノベーションが起きた場合、フロンティアが外側にシフトします（新しい「′効率性フロンティア」）。この新しいフロンティアの上で、この企業はコストを以前と同じCに保ちながら、品質をq′に高めることができます。

この図は、日本の企業が「良いものを安く」という戦略をとるときに直面する問題を簡潔に表しています。すなわち、この戦略が長期的に維持できるための仮定は効率性フロンティアを

絶えず外側にシフトしていくことなのです。１９７０年代から１９９０年代初期にかけては、この仮定が満たされていたために、日本企業は継続的に効率性を高め、生産性を上げ、コストを抑えつつ品質を高めていったのです。

ところが、１９９０年代初期以降、生産過程でのイノベーションが沈滞し、生産性上昇率が鈍化していることは周知の事実です。[†6]

コスト・パフォーマンスを高めて、顧客をつかむのは決して間違った戦略ではないのですが、この戦略が長期的に成功するためには、暗黙裡に置かれているもうひとつの仮定が満たされる必要があります。

前章の終わりで、日本の企業はある

図17　「良いものを安く」戦略

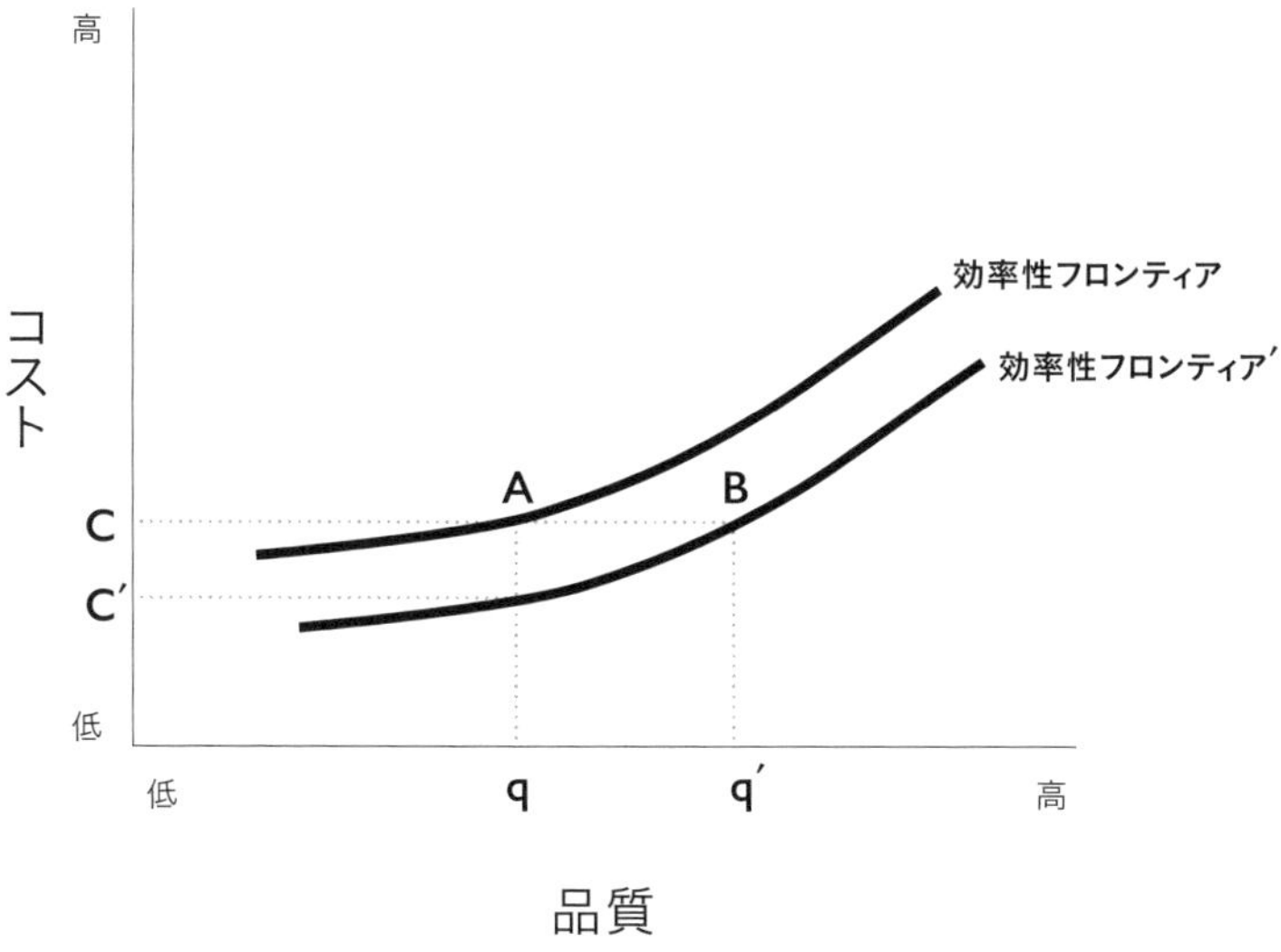

†6　深尾京司『「失われた20年」と日本経済　構造的原因と再生への原動力の解明』日本経済新聞出版社、2012。

製品を機能化する能力が高いと述べました。日本の企業は従来、顧客にアピールするためのアプローチとして質の向上、製品の機能化、あるいは外観上のバリエーションの多様化（形、サイズ、色、デザイン等々）に焦点を合わせてきました。見方を変えると、同質的な製品を市場にいち早く出す競争の脅威に常にさらされてきたのです。

消費者がある製品を購入するとき、その選択を決める要因のひとつに、その製品のもつ意味があるとはすでに繰り返し述べてきました。

客観的に評価できる種々の意味としては、たとえば、機能、品質、安全性、信頼性、耐久性、精度、体系・一貫性があげられます。

客観的に評価できない意味としては、美しさ、表現力、ユニークさなどがあり、直感に訴える意味をその製品の選択の決定要因とする消費者も多いでしょう。さらには、面白さ、遊び、エンターテイニング、楽しさも意味となるでしょう。そして、その製品を購入し、使用することが、その消費者を「元気づける」「エンパワーする」、消費者に「元気を与える」「社会的満足感を与える」というような意味も忘れてはいけません。

消費者が客観的な機能性を重要視するという仮定は一般的にいって間違っていないのですが、消費者は往々にして客観的に評価できない直感的な意味も購買の重要な決定要因とする、という仮説も検証する必要があるのではないでしょうか。

すなわち、ここで提起したいのは、コスト－品質の軸が競争優位性を決めるすべてではなく、

他の多くの軸にも着目する必要があるのではないか、ということです。

創られた価値の成分

客観的な意味と直感的な意味に基づいて、消費者が選択を行なうと述べましたが、具体的には、どのような思考回路でその選択を行なうのでしょうか。ここでは、この選択の思考回路を消費者が知覚するベネフィットという概念を導入して説明していきます。

単純な例から始めましょう。たとえば、あるブルーのシャツが市場で1万円の価格で売られていたとします。ところが、あなたはこのシャツをいたく気に入り、1万5000円出してもよいと考えます。あなたにとって知覚されたベネフィット（perceived benefit）1万5000円は市場価格の1万円を上回るので、あなたはこのシャツを買うことによりベネフィットが発生することを知り、シャツの購入を決めます。差額の5000円はあなたにとってのベネフィットとなるので、この5000円を消費者余剰（consumer surplus）と呼びます。今生産者の設定する価格をP、コストをCとし、消費者が知覚したベネフィットをBとすると、創られた価値は製品1単位について、以下のように表せます。

創られた価値＝消費者余剰＋生産者利潤
＝（B−P）＋（P−C）
＝B−C

すなわち、生産者への利潤と消費者の得るベネフィットが創られた価値と定義されます。[†7] 前節での議論から、消費者の得るベネフィットはいろいろな要因から構成されていると仮定します。客観的に評価できるこのシャツの機能から始まり、デザイン、表現力、ユニークさ、このシャツを着て外出するときの楽しさ、喜び、あるいはこのシャツを着るとなんだかおしゃれになったようで、気分が大きくなるといったエンパワーメント効果までの意味が含められるかもしれません。言い換えると、製品のいろいろな意味を創ることが、大きな価値創造につながるのです。

もし、ある消費者にとっての直感的、主観的な意味がとても重要な場合には、ある製品・サービスに対してその人が得るベネフィットが、基本的な機能性が与えるベネフィットに加えてとても大きく知覚されるでしょう。感動を呼ぶ意味が創られ、それが共感を呼び、これは絶対欲しい、これは絶対パスできないとなり、購買を決意することになるのです。

クレジットカード会社のマスターカードが過去20年ほど続けている広告キャンペーンにThere are some things money can't buy. For everything else, there's MasterCard. というのがあり、日本でも

†7　類似の議論についてはPankaj Ghemawat, *Commitment: The Dynamics of Strategy* （New York: Free Press, 1991）も参照。

ご覧になった方も多いかと思います。米国で最初に流されたコマーシャルは、たしか、「父親と息子が野球を見に行き、そこでホットドッグとドリンクを買う、けれども2人の間の会話はプライスレス（価格がつけられない）」という内容だったと思います。つまり、世の中には価格がつけられない、心に一生残る体験、思い出があるのだよ、というメッセージです。

心に一生残る体験、思い出をつくるために買わなければいけないものがあれば、それはいつでもカードで払えばよいのだよ、そうすればカードで買ったホットドッグとドリンクに大きな意味が生まれるのだから、というコマーシャルです。価格がつけられないくらい大きな意味を消費者に提供できたなら、その人の知覚するベネフィットはプライスレスにかぎりなく近づき、その人にとっての消費者余剰はとても大きくなるのです。

新しい世界観と意味を戦略の軸にする

〈米国コンパクトカー市場〉

筆者の同僚が最近、車を買い替えました。仮にカタリナさんとこの人を呼びましょう。プロファイルは、年齢30代後半、女性、プロフェッショナルな職業、ロサンゼルス在住、アクティブ、積極的、自由を楽しむ、前向き、東海岸の大学時代にはテニスチームのキャプテン、余暇

はサーフィン、ハイキング、ギター、ロサンゼルスのダウンタウンのアーツ・ディストリクトのカフェ、レストランがお気に入り、ニューポートビーチの海岸で過ごすのが好き、さらにカリフォルニア在住の高学歴（Ph.D.）プロフェッショナルの女性を代表するようにスタンスはリベラルとなります。

この10年以上は数世代前の白いマツダ3を愛用し、積算20万マイル（！）を大きな故障なしにオリジナルのエンジンで走ったので、この車と別れたくないのだけれど、古くなってきたので買い替えることにしたそうです。

まず、はじめに行ったのがマツダのディーラーで、新車に買い替えることを考えて、新型のマツダ3を試乗。マツダの耐久性（20万マイルの不満のない経験！）、機敏さ、機能性、ハッチバックの利便性などの客観的な性能については、実車の体験からとても満足しているペルソナです。

試乗してみてどうだった?と聞いた途端、「うーん」といって、カタリナさんは黙ってしまいました。良くなかったの?と聞くと、「うーん、悪くない」とあまり、はっきりしません。外見は好きと聞くと、「うーん、デザインはよい」との回答が返ってきます。それで、新型に買い替えたの？「結局、新型は買わなかった」。購入しないことを決めた理由は?と聞くと、「これまで使ってきた車は20代半ばのときに買ったので、そのときにマツダ3が与えた意味、すなわち客観的な機能、耐久性、信頼性、機敏さ、室内の有効利用、利便性、コスト・パフォーマンス、

すべてがぴったりと、自分の考えている意味とマッチした。けれども、今の自分には新型の3がしっくりしない。ワクワク、ドキドキする感動が起きなかったし、共感しないので買うのをやめた」といっていました。

その数日後にこの人が買った車は、ドイツのブランドのコンバーティブル（オープンカーの一形態）でした。曰く「荷物はあんまり乗せられないけれど、乗って楽しくなるし、自由な気分になれるの」。

この話を読んで、ドラッカーが*Management*[†8]（邦訳は『マネジメント』）の中で引用したゼネラルモーターズ（GM）の最高級車種キャデラック事業部の例を思い出す方もいるのではないでしょうか。１９３０年代の大恐慌の時代にキャデラック事業部の経営を引き継いだドイツ生まれのニコラス・ドレイシュタットは「顧客は何を買うのか（What does the customer buy?）」という問いにこう答えたそうです。「キャデラックはダイヤモンドやミンクのコートと競争している。キャデラックの顧客は乗り物を買うのではなくてステータスを買うのだ」。

このWhat does the customer buy?という問いの例が教えることは、**製品がもつ客観的な意味だけではなく、直感的な意味も消費者の選択の重要な決定因となる**ので、ないがしろにしないほうがよいということではないかと考えます。いくら耐久性に優れている、壊れない機能的な車だという客観的事実が10年以上20万マイルの体験で頭に焼きついていても、最後の決定は、直感的な意味によることもあるのです。

†8　Peter F. Drucker, 1973, op. cit.

この話を、このひとりのペルソナに特有の気まぐれだから、あまり気にしないということもできるのですが、デザイン思考では、このような**「極端なユーザー」の行動から導かれる洞察を大切に、と教える**のです。すなわち、従来のコスト・パフォーマンスの軸に加えて、新しい世界観と意味の軸をつくることが、究極の課題になるのです。同じ会社でマツダＭＸ−５が成し遂げた快挙を思い出してください。コスト・パフォーマンスも重要だったことに疑いはありませんが、それに加えた直感的なスポーツカーの意味、それが消費者の知覚したベネフィットを大きく膨らませたのでしょう。

図18aはこれまでの議論から、ターゲットとなるペルソナが求める「意味」を、特に米国の小型自動車市場について仮説として表したものです。縦軸は、消費者余剰として創造された価値を構成している成分、言い換えるとペルソナが求める「意味」を示しています。

一方、横軸はペルソナの心理学的属性を表すように、ある属性を取り上げ、その属性と対照的な属性を軸上に表しています。[†9] 図18aの例では、カタリナさんの話から洞察できるひとつの属性、積極的−消極的、保守的−進歩的、アクティブ−パッシブを選びました。先に紹介したカタリナさんの人間像を「ペルソナＫ」とし、このペルソナが20代後半だったときを「ペルソナＫ２００６」で表します。「ペルソナＫ２００６」はアクティブ、積極的、進歩的であり、２００６年当時は自動車の基本的機能に意味を見出していました。「ペルソナＫ２００６」が２００６年型マツダ３を選択したときには、彼女が知覚したベネフィット、つまりその車の基

†9　製品開発に適用された類似の手法については Deepa Prahalad and Ravi Sawhney, *Predictable Magic: Unleash the Power of Design Strategy to Transform Your Business* (Upper Saddle River: Wharton School Publishing, 2010）を参照。

本的性能・機能などが、実際のディーラー小売り価格を超えていたので、購入したのです。

「ペルソナK２００６」は、図右下の第四象限がこの市場における位置となります。さて、同じペルソナの13年後を「ペルソナK２０１９」として表すと、図右上の第二象限にその位置が変わります。２００６年よりさらに積極的、アクティブになったこのペルソナは、車の機能性だけではなく、直感的な意味を車に求めようとしています。

「ペルソナK２０１９」の市場での位置は、同じ人物でありながら、「ペルソナK２００６」と同じではなく、第二象限に移動し、さらに右に動いています。このように定義された横軸と縦軸

図 18a　客観的な意味と直感的な意味：米国コンパクトカー市場

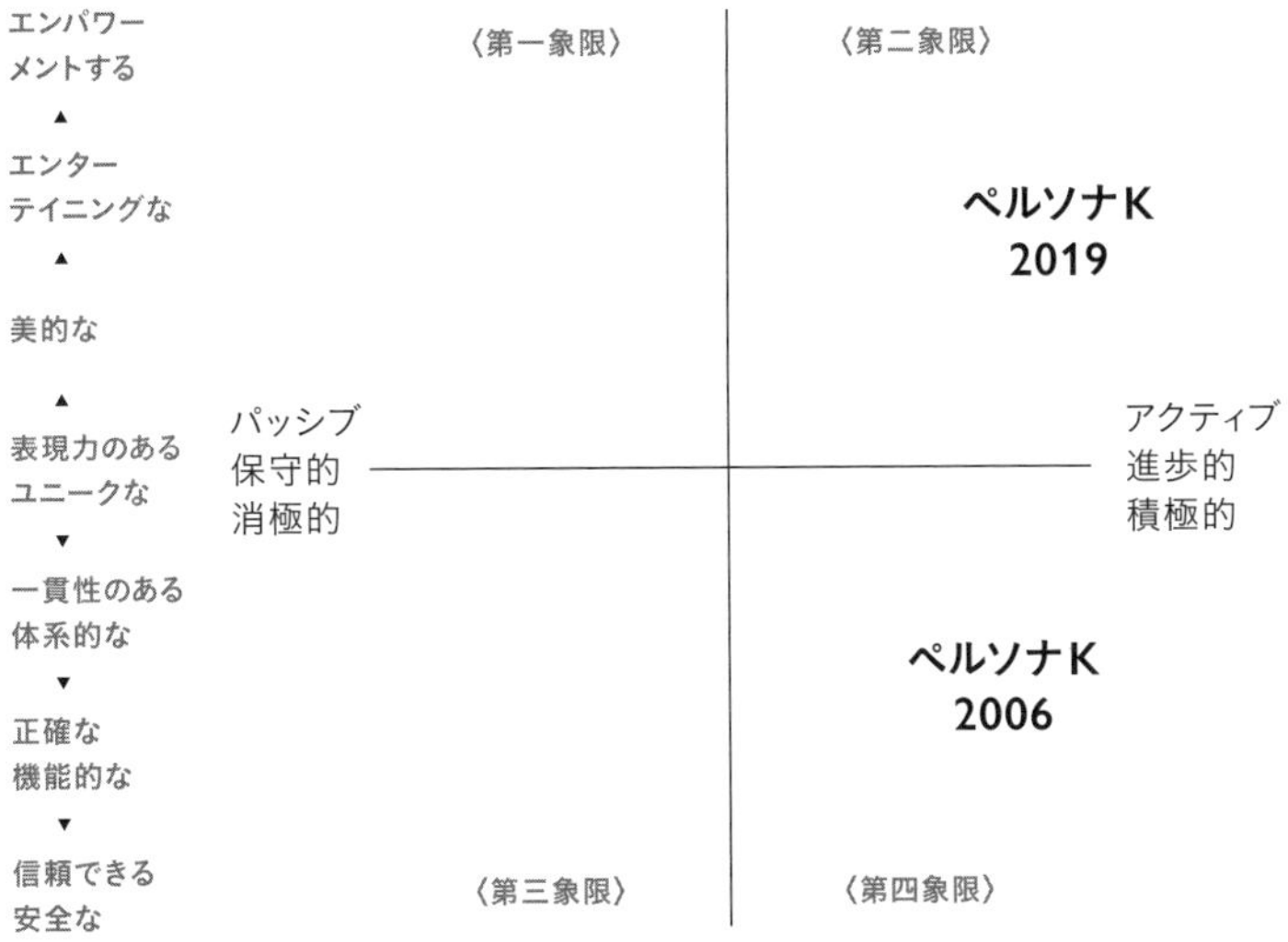

のつくる象限を簡単な言葉で表してみると、「ペルソナＫ２００６」は「多目的」な車に意味を見出した一方、13年間に経験を積みより成長した「ペルソナＫ２０１９」は「自由」に「楽しい」「充実」した「自分」である毎日を送るための車に意味を見出したと解釈できます。そして、この「ペルソナＫ２０１９」が直感的に大切と考える意味と新型マツダ３のもつ意味が、残念ながら、マッチしなかったのです。

　この「ペルソナＫ２００６」と「ペルソナＫ２０１９」の市場における位置は第四象限と第二象限でしたが、第三象限に位置するほかのペルソナはどのような意味を求めるのでしょうか。

　このペルソナは消極的、パッシブ、保

図18b　客観的な意味と直感的な意味：米国コンパクトカー市場

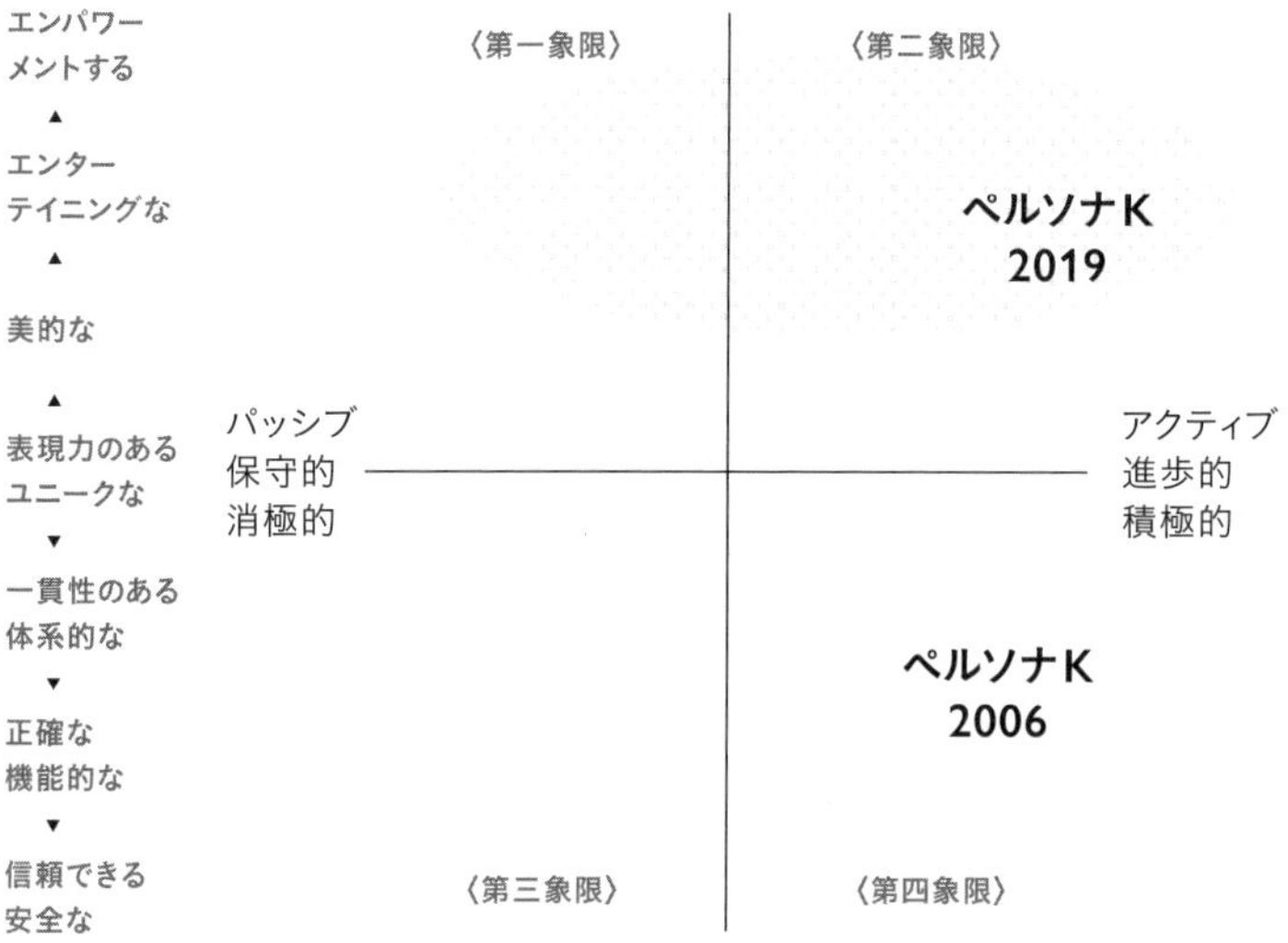

守的で、車の安全性、耐久性、信頼性、基本的機能、品質などに意味を置きます。簡単な言葉で言い表すと、このペルソナは「ベーシック」な車に意味を見出しているといえるでしょう。最後に第一象限に位置するペルソナの考える意味はなんでしょうか？　このペルソナは受身で保守的ですので、すでに確立されてよく知られたブランド、美しいと定評のあるものに、意味を見出すのです。言い換えると、「スタイリッシュで美しい」車に意味を見出すのではないでしょうか。それでは、先に議論したコスト・パフォーマンスに焦点を当てる「良いものを安く」戦略は、どの象限のペルソナに焦点を当てているのでしょうか？　第3と第4象限に位置するペルソナに焦点を当てるという仮説が図18aから浮かび上がります。その反面、ヨーロッパのブランド、特にドイツのブランドは第一と第二象限の上端に位置するようなペルソナに焦点を当ててブランドをつくっているという仮説が立てられます（図18bの楕円の内側）。

図18aとbで示されたように、製品がもつ意味、そして顧客が考える意味の軸を変えることによって、これまでとは違った顧客の層が見えてきます。「顧客は何を買うのか？」の問いによって、「どのように戦うのか（あるいは戦わないのか）」が見えてくるのです。

ここでは、すでに起こった未来とデザイン思考で新しい世界観を創り、新しい直感的な意味を提示し、それにターゲットとなるペルソナを組み合わせることは役に立つという点が明らかになりました。新しい意味を創り、より大きなベネフィットを顧客に知覚してもらい、最終的に大きな消費者余剰に結びつけるのが、ここで提案する戦略です。

〈ドイツの観光客〉

Chapter 3でドイツのナウムブルクにあるホテルの話をしました。ベルリンの壁が壊されてから2019年で30年になりましたが、旧東ドイツにあるナウムブルクの町を訪れる旅行客数は、旧西ドイツの有名な観光都市に比べると、いまだにはるかに少ないのが現状です。1000年に近い歴史をもつこの町は、町の中心にあるザンクト・ペーター・ウント・パウル大聖堂を町の宝とし、自らを「大聖堂の町ナウムブルク」と呼んできました。

この町の北側を流れるザーレ川に沿った丘陵地帯では、ワインの醸造が1000年にわたり行なわれ、旧東ドイツ時代には、この地域のワインは貴重な外貨を稼げる重要な輸出産業の一角を担っていました。

さて、ドイツの観光というと、日本のみなさんがまず思い浮かべるのは、日本からフランクフルトに飛んで、フランクフルト市内観光、「ドイツ最古の大学の町ハイデルベルク」「中世の町ローテンブルク」「ローレライとライン下り」、ローテンブルクから「ロマンチック街道」、そして「ロマンチックな白亜の城ノイシュヴァンシュタイン城」、そして「ビールのミュンヘン」を訪れるルートではないでしょうか。特に第二次大戦後、日本からの観光客が増え始めた1960年代後半はすでにドイツは西と東に分離されていたので、日本からの観光客は西ドイツ側の観光名所のみを訪れるのが標準的な旅程となったのでした。

たとえば、「ドイツ最古の大学の町ハイデルベルク」と「中世の町ローテンブルク」ですが、

当時有名であった団体ツアー「ジャルパック」のドイツ観光には絶対欠くことのできない目的地にこの2つは入っていたと思います。その一方、東ドイツ側にあった「大聖堂の町ナウムブルク」は西ドイツに住むドイツ人にさえも忘れ去られてしまいました。ベルリンの壁が崩れ、東西ドイツの統一が軌道に乗り、旧東ドイツを訪れる西ドイツからの投資家が増えるにつれて、ナウムブルクの魅力があらためて知られるようになりました。

そして、この10年は、ナウムブルクを新たな観光地にしようとする動きが出ている中、私は最近ナウムブルクのホテルに宿泊客を誘致する戦略を手伝う機会をもちました。すでに紹介したように、この町には「大聖堂の町」というキャッチフレーズがあるのだけれども、本当にこのフレーズが訪問客を呼び寄せるのだろうか、という問いがこの戦略チームの抱いた課題でした。言い換えると、「大聖堂の町」をもし変えたら、どのような町として旅行者を惹きつけられるのだろうか、という問題提起です。

もちろん「大聖堂の町」というのは揺るぎのない事実であるし、ユネスコ世界遺産に登録されているこの壮大な建築を広告に使わないのは犯罪に近いのですが、このフレーズは「町側の視線」で使われているものです。「ドイツ最古の大学の町ハイデルベルク」しかり、「中世の町ローテンブルク」しかりです。どれも「町側の視線」でフレーズが考えられています。

日本からの旅行客イコール団体のツアーという時代はすでに過去のものですが、この「町側」視点のキャッチフレーズはその時代には、とても効果的だったと考えられます。ガイドブック

に載った観光名所すべてを、旅行会社の決めたコースで、短い日程で見て回るという目的のツアーでは、このようなフレーズは旅行者にとってとても理解しやすく便利です。ツアーを選ぶ段階ではどこに行くのかがすぐにわかり、旅行中にはどこで何を見ればよいのかがわかり、さらに帰国後、旅行者が自分は「ドイツ最古の大学の町に行った、中世の町に行った」とはっきりと記憶に残ります。つまり、旅行会社が行き先を決めたツアー旅行に参加しようと考える人にとっては、とてもわかりやすく便利なのです。

　ドイツを訪れる旅行客にとって、昔ながらの団体ツアーは米国からの訪問客と最近増加傾向にある中国からの訪問客の間ではまだまだポピュラーです。その一方で、団体ツアーのようにガイドブックに記載された名所・旧跡・世界遺産を次から次へと訪問するのではなく、特別な目的をもって仲間や友だちと小さなグループで旅行する訪問客が多くなっているのが現状です。

　それゆえに、「町側」視線の「大聖堂の町」だけでは、訪問客数が伸びないだろうという見解に戦略チームはたどり着きました。言い換えると、いまだに団体のツアー客を集客できる「ドイツ最古の大学町ハイデルベルク」と「中世の町ローテンブルク」「ロマンチックな白亜のノイシュヴァンシュタイン城」とは別のタイプの訪問客を考えようということになったのです。

　図19は宿泊客のインタビューなどにより創ったペルソナの要約です。先に示した自動車市場（図18aとb）の例と同様に縦軸は、消費者余剰として創造された価値を構成している成分、言い換えるとペルソナが求める「意味」を示しています。一方、横軸はペルソナの心理学的属性

を表すように、ある属性を取り上げ、その属性と対照的な属性を軸上に表しています。図19の例では、図18と同様に、インタビューから洞察できるひとつの属性、積極的－消極的、進歩的－保守的、アクティブ－パッシブを選びました。

図の左下第三象限にいるペルソナは「ツアー」に参加するペルソナです。海外旅行の初心者で、言葉の問題もあるし、不慣れで心配だし、自分でホテルやら交通手段やらの手配をするのはとても面倒だし、どうしてよいか実際わからない、だからツアーが便利という受け身のペルソナです。第三と第四象限の上、ちょうど図の中心にいるのがペルソナ「目的達成」です。このペル

図19　客観的な意味と直感的な意味：ドイツの観光客

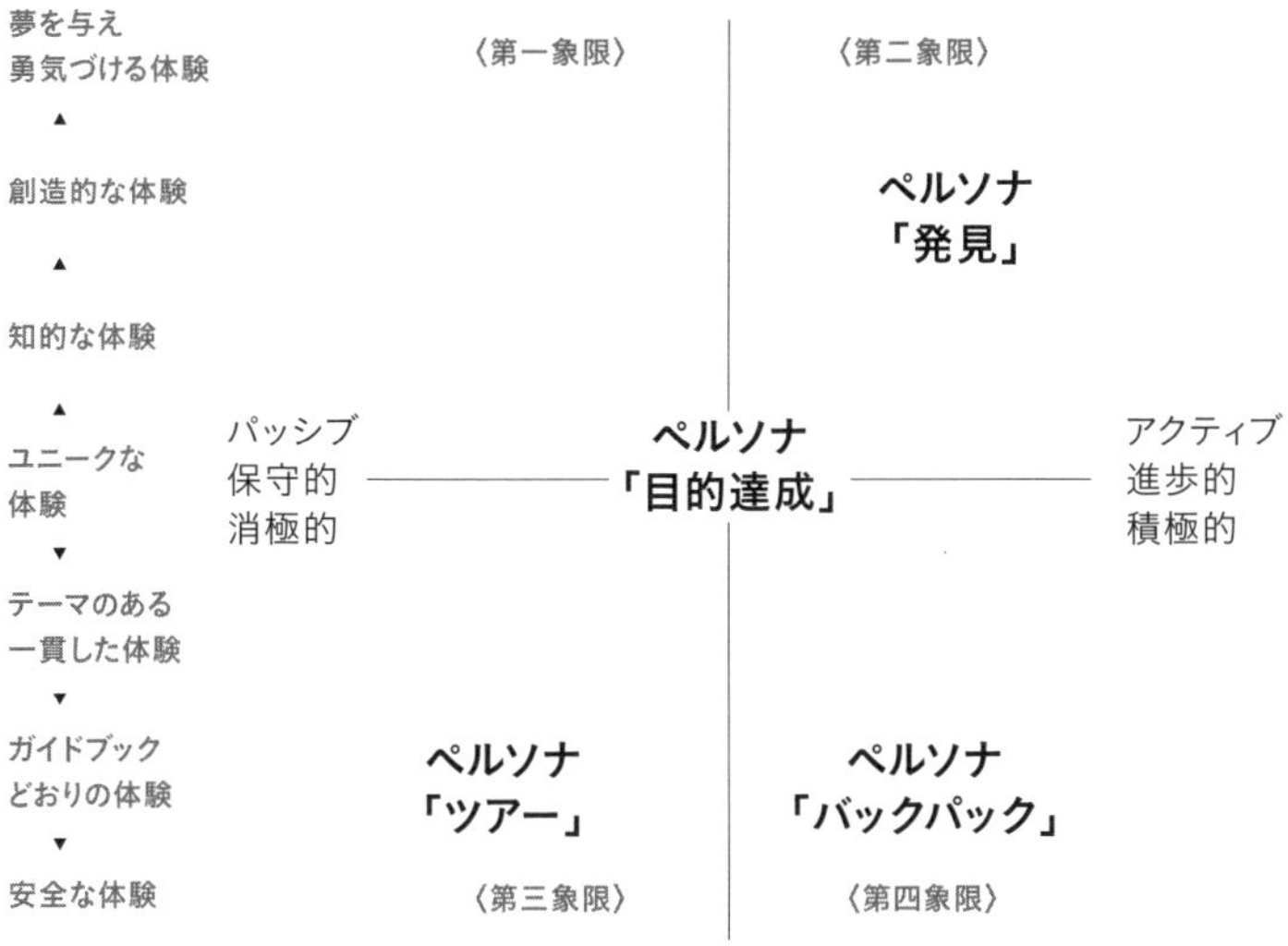

ソナは、ドイツ観光のベーシックな観光地はすでに訪問したし、自由のあまりきかないツアーは卒業した、こんどは気の合う友人・仲間と一緒に共通するテーマで旅行したい。一般的な観光名所ではなくて、たとえば、「ドイツのビールを飲み歩く旅」「ドイツの自動車会社のミュージアムをすべて訪問する旅」とか「ロマンチック街道の知られていない町を探索する旅」といったようなテーマで旅行を企画し、その目的を達成するタイプのペルソナです。

そして、第四象限の右下のペルソナ「バックパック」は、ドイツだけでなくヨーロッパ中に大学の夏休みが始まる5月末から9月にかけて、いたるところで見かけるバックパックで旅行する欧米の若者がペルソナです。勝手気ままに町から町へと名所旧跡を訪ねることに意味を見出すペルソナです。

さて、4番目のペルソナは第二象限真ん中より少し上方にいるペルソナ「発見」です。このペルソナは、すでに名所旧跡は見たのであまり興味はない、さらに友だち・仲間との目的達成型旅行も楽しいけれど、今の自分にはぴったりしない。普段は仕事や子育てで忙しいので、何か発見がある旅、自分を再発見する旅がしたい、というペルソナです。このペルソナにははっきりとした目的達成があるわけではないのだけれども、積極的に、知的で創造的な体験に旅行の意味を見出そうとしています。

この図から洞察できることは、「ドイツ最古の大学の町」「中世の町」「ロマンチックな白亜の城」に意味を見出すのはペルソナ「ツアー」とペルソナ「バックパック」でしょう。言い換え

図20　「大聖堂の町を訪れる旅」と「発見の旅」

ると、ドイツ旅行の初心者なので、まず名所旧跡・世界遺産は取りこぼしがないようにするのが目的です。ナウムブルクはこの2人のペルソナよりも、残る2人のペルソナに関心を抱き、この2人を惹きつけるためには、従来の「大聖堂の町」以外の意味に焦点を当てる必要があるとの結論にたどり着きました。

ナウムブルクの訪問客、特にペルソナ「発見」にインタビューをした結果、もちろん大聖堂を見学することはよかったけれども、それよりも感動したのはナウムブルク郊外の風景だった、ということがわかりました。ナウムブルクの町の北を流れるザーレ川を隔てて反対側の丘陵の上には20世紀初頭の画家・彫刻家であるマックス・クリンガー（Max Klinger）の家があります。そこから見えるワイン畑とドイツの丘陵の素晴らしい風景に囲まれて、このペルソナはそこで自分を見つけ、新しいきらめきを感じたようです。

図20はナウムブルクの町の周辺の景色と大聖堂です。「大聖堂」だけではない新しい「意味」を与えることにより、多くのペルソナ「発見」を呼び込むことができるでしょうか。本稿執筆中の現在、このプロジェクトは現在進行形ですが、ひとつのアイデアは、ナウムブルクに近隣するヴァイマール、ヴァルトブルクを訪問し、「ドイツ文学と思想の源を探る」目的達成型の意味、あるいは図20に見られるようなナウムブルク周辺の自然豊かな風景に身を置き、何かを「発見」をする旅に軸を変え、世界遺産の大聖堂を見る意味に加えて、新しい「旅行者側からの意味」を創ることを戦略チームは模索しています。

Chapter 9

戦略構築の土台

ビジネススクールで使うケーススタディほど
面白い読み物はない[†1]。

——A. Michael Spence

私の大学院時代の旧友に現在カリフォルニア大学ロサンゼルス校（ＵＣＬＡ）のビジネススクールの教授を務めるマービン・リーバーマンがいます。彼がことあるごとに、マイクロソフトのビル・ゲイツは大学中退ということで世間に知られているが、**ビル・ゲイツは中退した後も、ハーバードの経済学部の授業に出席していた**、と話すのを耳にしたことがあります。

これは、私の旧友がどこかで聞いてきた噂話ではなく、実際に教室の中で彼の横にビル・ゲイツが座っていたというのです。

なんの授業に座っていたのかというと産業組織論（Industrial Organization）で、その日は顧客とサプライヤーの関係をロックインして競争上の優位性をほかの企業に対してつくり上げるという理論の講義だったそうです（この理論については本章で追々説明していきます）。製品のインストール・ベース（installed base）を拡大しつつ、顧客がほかのサプライヤーに切り替える際に発生する切り替え費用（switching cost）を高めるためのサンクコストの投資を行なうという議論です。この講義を担当していたのは、後にハーバードからスタンフォード・ビジネススクールに移り、そこで学長（Dean）になり、さらに２００１年にノーベル経済学賞を受賞したマイケル・スペンス（A. Michael Spence）だったそうです。

なぜこの話をもち出したかというと、戦略、そしてビジネスモデルが成功するためには、いくつものハードルを越えなければならず、そのハードルは往々にしてその背後にある仮定が満

†1　マイケル・スペンスは2001年のノーベル経済学賞受賞者。この引用は私が、ハーバードの博士課程の学生時代に、指導教授のひとりであった彼から何回も直接聞いた言葉です。

たされているか否かによってその高低が変わってくる、ということを述べたいためです。ある目的を達成するための戦略ですが、その実現において主要な指針となるのがビジネスモデルです。ビジネスモデルの概念・重要性などについては、すでにほかで広く紹介・議論されているので、ここでは深く立ち入りませんが、その成功を握る鍵は何かについて、本章で考察を加えていきます。

本書の「はじめに」で、デザインスクールであるパサデナのアートセンターがなぜ、ドラッカースクールのようなマネジメントスクールと共同で学位プログラムを創設するにいたったかの経緯をお話ししました。

そこで述べた理由は、デザイナーはデザイナーで我々マネジメント側と反対の問題を抱えていることでした。つまり、デザイナーとしては、よいアイデアを創出するまではうまくいっても、起業家として、実際に市場で成功するためのモデルを構築する際に必要ないろいろな仮定の基礎を知らない、あるいはなんとなく知っていても、どうもピンとこない、という事情があったのです。

戦略の中でも特に競争戦略の理論は、その生い立ちが経済学の理論とその実証分析に負うところが多いので、デザイナーたちがピンとこないのも、無理はありません。次から、戦略構築の際に役に立ついくつかの経済要因を、戦略の基礎知識として述べていきます。

規模の経済性

ある製品の生産工程において、生産規模の拡大にともなって、その平均費用（産出量の単位当たり）が低下していく現象を規模の経済性（economies of scale）と呼びます。

規模の経済性が発生する理由の最も標準的な原因は、固定費用の存在です。生産規模が増加するにつれて、生産単位当たりの固定費用が低下し、その結果、規模の経済性が起こることはよく知られています。本書のＣｈａｐｔｅｒ３では、参入障壁の一要因として規模の経済性について言及しました。

規模の経済性は、企業規模が大きくなるにつれて、生産に使用する変動的インプットの生産性が上昇することによっても発生します。分業による労働生産性の上昇、あるいは光熱費などの使用が企業規模の拡大と比例しない場合には規模の拡大とともに平均費用の低下が起こります。さらに、多額の広告宣伝支出も固定費と同じような結果をコストにもたらすのはよく知られています。あるテレビ・コマーシャルの製作費用が１００万ドルだとすると、規模の小さい企業にとっては、このような額を支払うのはその企業の財務状況に大きな負担となるのは明らかです。

テスラは革新的な製品と、産業の常識を打ち破る戦略で見事に参入に成功したわけですが、今後の成功の鍵のひとつは、どれだけ早く規模の経済性の恩恵を受けることができるかに依存す

るといえるでしょう。「小規模の不利」がスタートアップ企業の収益に大きく影響を与えた類似の事例としては、アマゾン創業時とその後8年間のアマゾンの苦難の時代を思い出される読者も多いのではないでしょうか。

1994年にアマゾンを創設した、ジェフ・ベゾスの当時のモットーはIf it's in print, it's in stock.、すなわち、「印刷されているものはすべて在庫だ」でした。1995年にオンライン・ビジネスを開始したときは「地上最大の本屋」がそのビジョンであり、その目的達成のために、サプライチェーンとディストリビューション・ネットワークを確立するために攻撃的に投資を行なったのはいわずもがなの先見の明でした。ところが、これらの投資の多くは、いわゆるブリック&モルタル小売モデルといわれるビジネスモデルへの投資であり、大規模な倉庫、流通センターなどへの初期投資の結果として、固定費用の増加を招き、固定費用をどのように売り上げに振り分けるかが経営上の課題となったのでした。投資家と証券市場が長い間やきもきするも辛抱した甲斐があり、アマゾンは創業後8年経った2002年にはじめて利潤を計上したのでした。今となっては、このサプライチェーンとディストリビューション・ネットワークへの投資がアマゾンの世界規模での競争優位性の柱となっていることは明らかです。

アマゾンは2006年に、ブリック&モルタルの小売モデルから、プラットフォームのモデル、Fulfillment by Amazonを導入しました。アマゾンのもつ広範なディストリビューションと倉庫ネットワークを自社以外の第三者の売り手も使用できるようにするとともに、各種のサー

ビスを提供し、より多くの商品がサイトに掲載され、より多くの買い手がサイトを訪れるようにネットワークの外部性効果を狙った戦略をとっています。それにより、さらに規模の経済性が追求できるというのが、この戦略の仮定です。

この2つの例が意味するところは、規模の経済性のようなハードルが存在する場合でも、その効果を和らげる方策がある、ということです。テスラは規模の経済性が非常に高く、それが従来では参入障壁の主要な要因とされる産業に参入しました。手持ち資金が小さかったため、固定費が高い新規の大規模工場を設立するのではなく、トヨタ自動車からカリフォルニアのＮＵＭＭＩ（トヨタとＧＭの合弁会社）の工場を廉価に譲り受けて、この必要資本量と規模の障壁をクリアしました。

一方、アマゾンは、大きな初期投資を行ない、それが財政上の重荷になったのですが、無料の配達料、プラットフォームモデルへの変換、ネットワーク外部性の恩恵などにより、規模を拡大することができたのです。

テスラとアマゾンの例から学べることは、目的達成のための戦略・モデル構築の必要性、そして、その成功を妨げるハードルの経済・戦略要因を理解し、それに対処するための策を考える必要性ではないでしょうか。

規模の経済性は障壁か

　規模の経済性が重要な産業としてはビール産業を忘れてはいけません。ビールはその製造過程において規模の経済性が働くという仮説は古くから実証的に分析されており、[†2]生産規模を大きくするにつれて生産性が上がり、単位費用が下がることが検証されています。そして、広告を通じての製品差別化が重要なマーケティングの手段として使われているのは、欧米にかぎらず日本の市場でも同じです。私が日本を訪れるたびに目にとまる広告のひとつに、ビールの広告があげられます。特に夏場は、テレビのコマーシャルはもとより、街中のビルボード、電車の中や駅、ポスターといたるところでビールの広告が目につきます。こんなにビールを飲んでいる写真を使った広告、コマーシャルが多い国はほかにあるのかな、と思わざるを得ないくらい多いというのが印象です。

　一般的にいって、新事業を開始するために必要な固定費の大きさは技術的要因（たとえば工場規模、規模の経済性）によって決まるといわれています。規模の経済性を享受し、低コストの生産体制を整えたいと考える新企業は、技術的要因に対して投資をする必要があります。このような固定費は外生的（exogenous fixed costs）と呼ばれます。

　それに対し、企業にとって内生的な固定費（endogenous fixed costs）も存在します。技術的要因によって決められる生産工場の規模が市場の規模に対して小さくても、生産された製品を消

†2　たとえば、Joes Bain, 1956, ibid.; John Sutton, *Sunk Costs and Market Structure: Price Competition, Advertising, and the Evolution of Concentration*（Cambridge, MA: MIT Press, 1991）.

費者に知ってもらうために必要とする広告宣伝費がこの典型的な例といえるでしょう。また、新製品開発に必要とされる投資、研究開発費も内生的な固定費と考えられます。自動車産業とビール産業は、外生的な固定費のみならず、内生的な固定費も高い産業といえます。

外生的と内生的な固定費が大きく、規模の経済性が重要という市場構造を反映して、この産業ではＭ＆Ａが戦略の手段となり、世界規模で頻繁にＭ＆Ａが行なわれているのも周知の事実です。１９７０年代からの合併ブームの結果として１９８０年代には上位４社が75％の市場占拠率を占めるという寡占的な競争構造になったのですが、規模の小さいクラフト・ビール醸造所（ブルワリー）がこの10年の間に米国市場で急伸しています。米国ブルワーズ・アソシエーションの統計によると、多数のクラフト・ブルーワリーがこの10年の間にビール産業に参入しています。1万５０００〜６０００万バレルの規模の醸造所を地域クラフト・ビール、1万５０００バレル以下の醸造所をマイクロ・ブルーワリー、レストランに醸造所が併設されているブルーパブの3形態を総称してクラフト・ビールと呼ぶと、その全ビール売り上げに占めるシェアは２０１２年はじめの５％から２０１８年初頭には約13％まで大きく伸びています。特にこの成長は２００７年、あるいは２００８年あたりから始まったトレンドです。

クラフト・ビールの生産量は２０１２年から２０１８年にかけて１１６％と倍増し、醸造所数は２２３％の増加を記録しました。２０１８年には６２６６のクラフト・ビール醸造所が存在し、米国ビール産業の市場構造は２０００年代と比べ大きく変化しました。†3

† 3　Brewers Association (brewersassociation.org).

クラフト・ビールの売り上げは上昇傾向にある一方、米国におけるビールの総売り上げは減少傾向にあります。なぜ、規模の経済性が重要な産業で、醸造所の平均的規模が既存の大手企業の醸造所の規模の2〜3%しかない小規模なクラフト・ビールが生き延びているどころか、成長しているのでしょうか？

この問いに答えるために、前章で使った手法をここでもまた使ってみましょう。米国のビール市場で、顧客は「何を」買っているのでしょう。筆者が学生と、カスタマー・ジャーニーとマインド・マッピングのツールを使い作成した米国ビール産業における顧客がもつ意味を表したのが図21aです。

前章の例のようにこの図は、ターゲットとなるペルソナが求める「意味」を、特に米国のビール市場について仮説として表したものです。

縦軸は、消費者余剰として創造された価値を構成している成分、言い換えるとペルソナが求める「意味」を示しています。一方、横軸はペルソナの心理学的属性を表すように、ある属性を取り上げ、その属性と対照的な属性を軸上に表しています。図21aの例では、ヒアリングの結果から洞察できるひとつの属性、積極的–消極的、進歩的–保守的、アクティブ–パッシブをここでも選びました。図21aには4人のペルソナをペルソナB、ペルソナX1、ペルソナX2、ペルソナMで表しています。ペルソナBはパッシブ、消極的、保守的であり、品質の安定した、いつもと同じ銘柄、一貫して同じ味を重要な意味とするペルソナです。このペルソナは昔から

慣れ親しんだ味を大切にしています。言い換えると、ビールの基本的「機能性」に意味を見出しています。そして、このペルソナBは、図左下の第三象限がこの市場における位置となります。

さて、２人目のペルソナをペルソナX1として表すと、図左上の第一象限にその位置が変わります。ペルソナBよりさらに積極的、アクティブなこのペルソナは、ビールの「機能性」だけではなく、直感的な意味をビールに求めようとしています。このペルソナはステータス、ブランドに意味を見出し、すでに市場で確立されたブランドを好みます。図21aで定義された横軸と縦軸のつくる象限を簡単な言葉で表してみると、ペルソナBは「ベーシック」

図21a　客観的な意味と直感的な意味：米国ビール市場

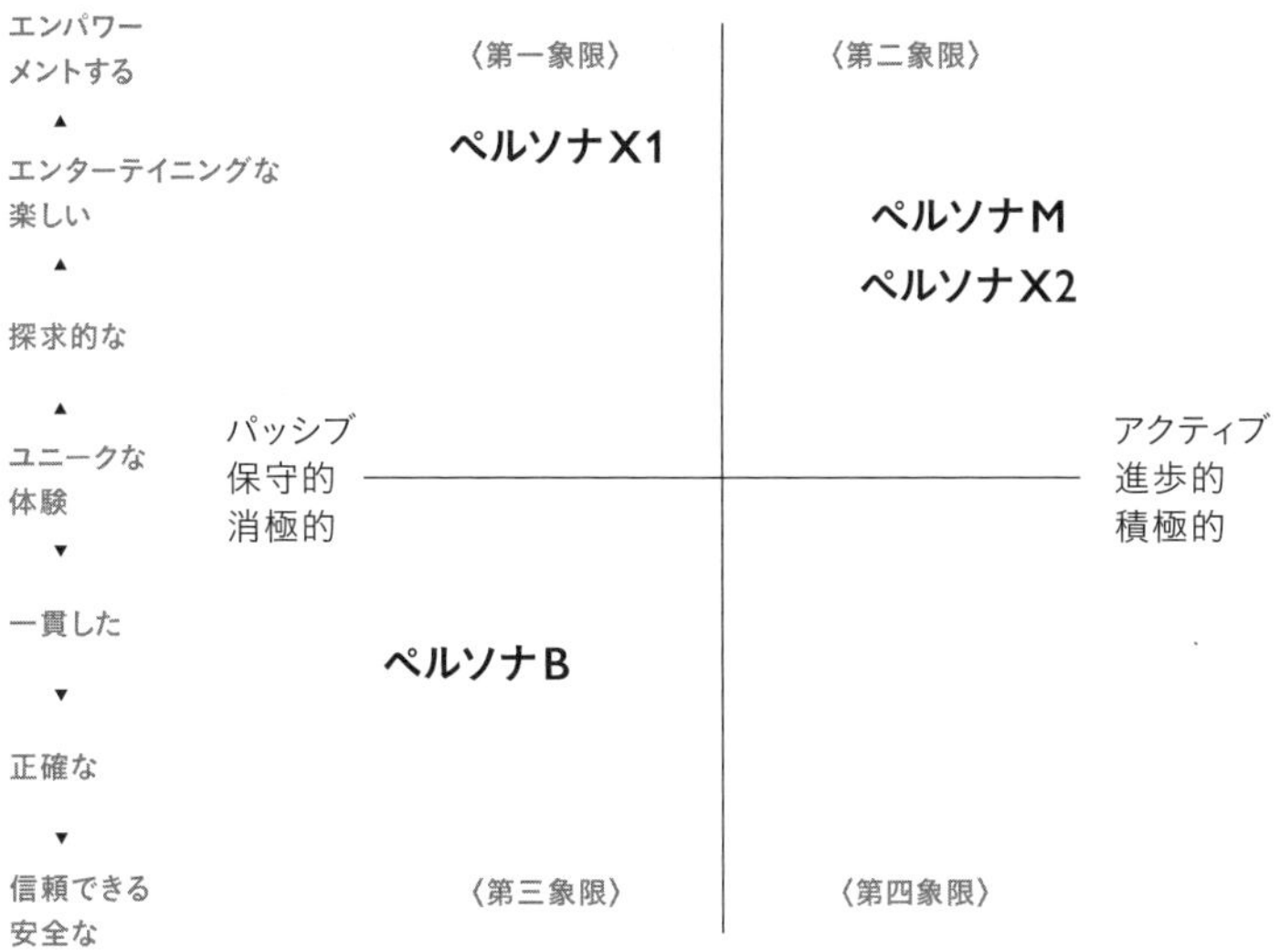

なビールに意味を見出した一方、よりアクティブなペルソナＸ１は「おしゃれ」な「ブランド」としてのビールを飲むことに意味を見出したと解釈できます。

このペルソナＢとＸ１の市場における位置は第三象限と第一象限でしたが、第二象限に位置するほかのペルソナ２人、ペルソナＸ２とペルソナＭはどのような意味を求めるのでしょうか。この２人は積極的、アクティブ、進歩的で、旅行と体験を好み、自分に忠実、自分に合ったユニークなものを探求するという人間像です。言い換えると、このペルソナはお仕着せではなく、自分で探求していくタイプであり、「ブランド」ではなく、自分を「充実」させてくれるビールに共感を覚えるのです。ペルソナＸ２はペルソナＭほどではないのですが、やはり、ユニークで自分で自分に合ったものを探求するペルソナです。

それでは、この図の中で、従来の大手ビール会社が売るブランドはどこに位置するでしょうか？　昔ながらのピルスナー、ラガーを主流とする大手のブランドは第三象限の「機能性」と想定できます。同じようなピルスナー、ラガーですが、ヨーロッパから輸入される大手ブランド、ハイネケン、ベックス、ステラは左上段の第一象限の「ブランド」がその意味と考えられるでしょう。

そうすると、クラフト・ビールは右上段、第二象限の「充実」が当てはまるのではないでしょうか。一貫したピルスナー、ラガータイプの味ではなく、幅広い味、新しい味を提供し、その種類とブランドの多さから、ワインのように飲む人の探求心をかきたてるのが、新しく創られ

た意味でしょう。さらには、地域、街ごとに異なるブランドの存在が、旅行を通じてこれまで知らなかった味に会える楽しみをつくったともいえるでしょう。

図21ａをＣｈａｐｔｅｒ２で導入した「すでに起こった未来」の大きな要因、人口動態の地殻変動、特に世代交代とかぶらせてこのペルソナを考えることもできます。ペルソナＢがベビー・ブーマーの代表、ペルソナＭが１９８０年からその後15年間に生まれたミレニアル世代の代表、そしてペルソナＸ１が１９６０年から20年の間に生まれたGen Xでしょうか。

このように世代別の意味で分類してもよいのですが、その手法の問題点として、各世代の平均的な人物像では少し大雑把すぎ、核心を外すかもしれないという懸念があります。この点についてはすでにＣｈａｐｔｅｒ６でデザイン思考の概要を説明した際に取り上げました。この点を図21ａで示すために、同じ世代のペルソナをペルソナＸ１とＸ２の２人で表しています。同じGen Xであっても、パッシブで消極的な人は定評のある既存の海外ブランドを選ぶ一方、同じGen Xでも積極的に自分の好みを見つけようとしている人は、新しい味のクラフト・ビールを試してみるかもしれません。

さて、そうしますと、図21ｂの第一象限と第三象限、すなわち図の左半分が既存の大手ビール会社の市場であり、右側、特に第二象限がクラフト・ビールの市場であるという仮説が考えられます。左側は規模の経済性が重要なのですが、右上では、クラフト・ビールの創る新しい意味が「小規模の不利」を補う、あるいは覆しているのです。価格が従来のビールよりも高く

ても、消費者が知覚する直感的なベネフィットがその価格を上回るので、この消費者はクラフト・ビールの購入を決めるのです。さらには、世界の大手ビール会社は、Ｍ＆Ａをその成長戦略の手法とし、世界中のビールブランドの買収を行なってきています。図21bの楕円で表されたスペースに位置するペルソナのニーズをことごとく満たす戦略といえるでしょう。

　米国市場から日本のビール市場に目を向けると、程度は違いますが、似たようなパターン、特に２０１４年以降はクラフト・ビールの第二次ブームが見られます。１９９４年の規制緩和以降、参入が起こり、５年後の１９９９年には２８１の地ビール会社が存在し

図 21b　客観的な意味と直感的な意味：米国ビール市場

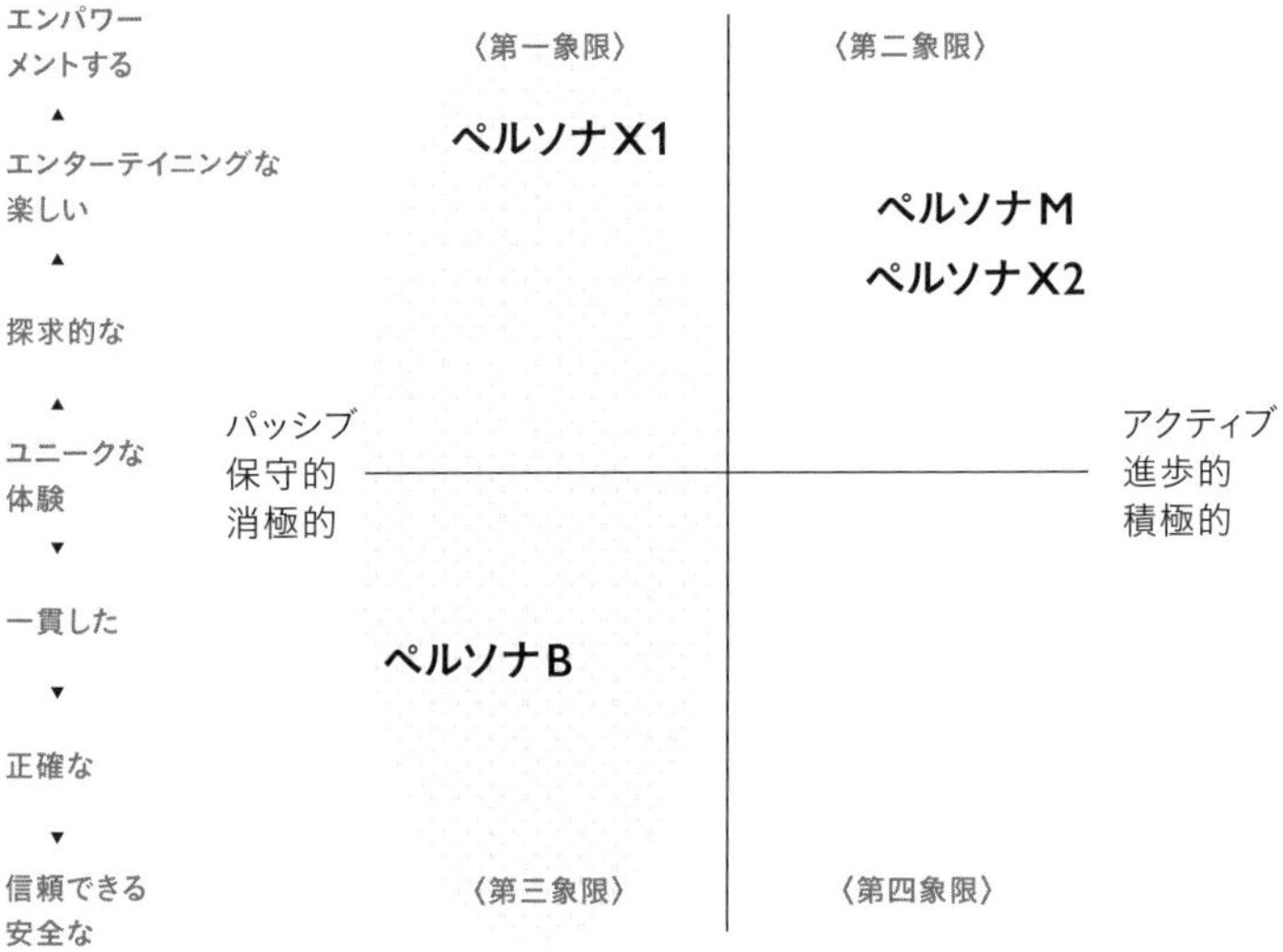

たのですが、その後退出が続出し、10年後の２００９年には会社数は１９７まで減少しました。

ところが、その後２０１４年からクラフト・ビール醸造所の参入が相次ぎ、２０１９年には企業数が４００を超えるまでに盛り返しました。日本でのクラフト・ビールの全ビール売り上げに占める率は米国よりはるかに小さく約１％と推定されていますが、ビールの総売り上げが長期的に減少傾向の中、クラフト・ビールの増加というパターンは、米国のパターンと類似しています。[†4]

日本の市場でも、図21のような自分に忠実で、積極的、アクティブで、探求心が旺盛で、旅行好き、さらに好みが多様なペルソナが、米国で見られたような規模の経済性のハードルの神話を崩し、クラフト・ビールの成長を推し進めるひとつの要因となるかもしれません。[†5]

その他の参入障壁要因

規模の経済性は主要な参入障壁要因ですが、新しい「意味」を創ることによりそれを飛び越えることも不可能ではない、という点を前節で述べました。規模の経済性のほかに重要な参入障壁要因としては、製品差別、必要資本量、絶対的費用格差、政府規制、そして流通チャネルへのアクセスがあげられます。

†4　“日本のクラフトビールの動向”きた産業株式会社、2018。

†5　軽井沢のヤッホーブルーイングのブランド「よなよなエール」はこれと共通項のある顧客層を開拓しているように思われます。「よなよなエールの野望　ビール大手に挑戦状」日本経済新聞電子版、2019年7月28日。

Chapter3でテスラが電気自動車の市場をつくり上げたときに、従来の自動車産業で伝統的に高いと考えられていた参入障壁、特に必要資本量、製品差別、絶対的費用格差、流通チャネル障壁を横からすり抜けたとすでに述べました。つまり、従来考えられてきた参入障壁も障壁とならずに通過できることが実証されてきています。

特に流通チャネルへのアクセスを得ることの困難性による障壁は、最近ではインターネットにより新しい販路を獲得できる可能性が高められたため、その障壁の高さが実質的に低下したといえるのではないでしょうか。たとえば、スーパーマーケットの棚のスペース、あるいは電気機器大規模小売店の床のスペースを確保するために、既存企業は多大な広告宣伝費を費やしてブランドをつくり上げる、あるいは「スペース獲得フィー」を支払うことを通じて、小売店への交渉力を高める戦略をとってきました。

そのため、新規参入企業、あるいは確固たるブランドを確立していない小企業は、チャンネル獲得の際に不利となり、その費用が相対的に高くなっていました。ところが、近年ではインターネットを通じての販売が可能になったので、前出の13歳のアナのネックレス販売から始まり、地方の小規模クラフト・ビール醸造所でも、以前と比べると容易《たやす》く販路を確保できるようになったのです。

製品差別と需要の弾力性

Ｃｈａｐｔｅｒ８では、「良いものを安く」戦略に秘められた成功のための２つの仮定について述べました。１つ目の仮定はプロセス・イノベーションが継続的に起こり、効率性フロンティアが外側にシフトすること、２つ目の仮定は、消費者は、品質、機能のような客観的に評価できる属性にベネフィットを見出していること、となります。Ｃｈａｐｔｅｒ８で触れなかった３つ目の仮定について、ここで考察しましょう。

ある企業の製品が他社製品と比べて違う、言い換えると、消費者の観点から差別化されているかどうかが、ここでの重要なポイントです。

生産者の観点からある製品が差別化されていると考えても、その差別化が消費者の目から見てベネフィットを生んでいない、あるいは小さい、ということがあります。その場合、消費者の目線で見ると、Ａ社の製品はＢ社の製品とあまり違わない不完全な差別化なので、消費者はＡ社の製品の価格をＢ社の製品の価格と比べて製品の選択をすることになります[†6]。すなわち、製品が差別化された状況では、Ａ社は自己の需要曲線に直面し、その需要は自己が設定する価格と他社が設定する価格に依存しています。

もし、製品差別化がなく、すべての製品が同質と消費者が知覚し、完全な代替品と考える場合には、価格は同一となります。なぜなら、消費者はＡの製品をＢの製品より高い値段で買い

†6 Edward Hastings Chamberlin, *The Theory of Monopolistic Competition: A Re-orientation of the Theory of Value* (Cambridge, MA: Harvard University Press, 1933).

たくないからです。

企業Aがその製品を差別化し、それが成功するにつれて、企業Aの直面する需要は他社の行動から隔離され、他社の価格の影響が薄れていきます。究極的に両社の製品が消費者の観点から、完全に差別化されている場合には、Aの製品に大きなベネフィットを知覚する消費者にとっては、Bの製品にはまったく興味がなく、Bの価格が低くなっても、Bの製品を買わない、という状況が生まれます。

この両極端の中間の状況は、AとBの製品はある程度差別化されている、という状況です。この場合、差別化の程度により、他社の価格の変化に対する需要の価格弾力性が違ってきます。より差別化されていると消費者が知覚すればするほど、需要の価格弾力性は小さくなります。すなわち、Bが価格を下げても、Aの需要はあまり減らないという状況です（図22)。

さて、「良いものを安く」という戦略では、①消費者がAとBの製品を代替品として見ているので、消費者は価格に弾力的であり、価格を下げると、需要が大きく伸びる、②消費者はAとBを不完全な代替品として見ているので、消費者は価格に非弾力的であり、価格を下げても、需要の増加はあまりない、のどちらの仮定が当てはまるのでしょうか？

②の場合には、需要の価格弾力性が低いので、価格を低くする効果があまりない、逆にいうと、価格を上げても、需要はあまり落ち込まないのです。そうすると、①の仮定が「良いものを安く」戦略の裏づけとなるのでしょうか。言い換えると、消費者があまり製品間の差別化を

知覚していないので、価格を下げなければ売り上げが伸びない、という状況です。つまり、この場合は製品差別化があまり成功していないのです。

　自動車産業でいうと、なぜドイツのブランドは同じクラスの日本の自動車より一般的に高い価格を維持できるのでしょうか。ここで重要な点は、ある製品の「意味」が大きなベネフィットを消費者にもたらし、消費者にとって他の製品を代替品と考えなくなる、つまり消費者をその製品の忠実な顧客に転換できたときに差別化が成功したといえるのです。

　この議論をさらに進めると、需要の価格弾力性の違いによって、企業がとる戦略の選択が異なってくるといえま

図22　製品差別化と需要曲線

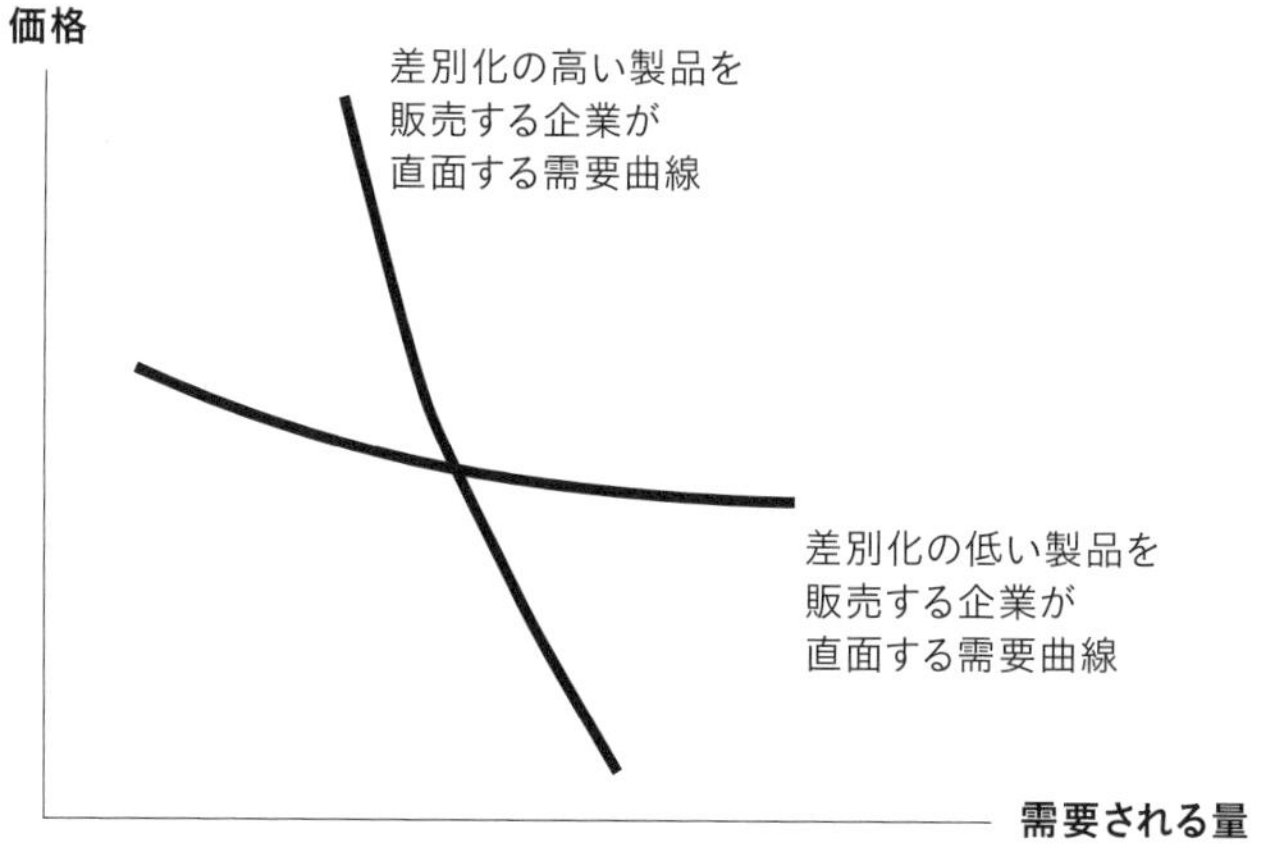

す。すなわち、需要の価格弾力性が高い場合、言い換えると、消費者が製品間の差別をあまり知覚していない場合には、少し価格を切り下げ、競争相手の価格より低い価格を設定することにより、大きな売り上げの増大が見込め、マーケット・シェアの拡大につながります。この場合は「シェア拡大戦略」が、合理的な選択となるでしょう。

一方、需要の価格弾力性が小さい場合、言い換えると、消費者が製品間の差別をはっきりと知覚している場合には、大きく価格を引き下げても、大した売り上げの増加は見込めません。すなわち、価格切り下げはマーケット・シェアの拡大につながりません。そこでとるべきは、差別化が消費者にもたらすベネフィットをもとに、価格を維持するか、価格プレミアムを設定して、マージンを高める「マージン戦略」となるでしょう。

需要の価格弾力性に基づく戦略の選択では、企業のコスト構造とそれに基づく優位性から戦略を選択するのではなく、消費者の知覚する製品・サービスの差別度から戦略を選択する、という点に着目していただきたいのです。

いくら企業が自社の製品は他社の製品と違うのですと言い張っても、消費者にとっての大きなベネフィット、ついてはその要因である「意味」がない場合には、差別化に成功したとはいえません。その場合には、価格切り下げ競争で、シェアを獲得していくという戦いに巻き込まれるのです。

サンクコスト

既存の大手企業が市場において競争上の優位性を保有している場合でも、新規に参入した企業あるいは潜在的な参入企業のもつ新技術、新しい価値に素早く対応せずにいると、その市場での地位が沈下し、究極的にはこれら新企業に追い越されるという事例が多いことはすでにご存知のことと思います。

１９７０年代から１９９０年代にかけての米国市場における日本企業の大躍進は、まさにこのパターンに当てはまりました。ソニー、パナソニック、キヤノン、トヨタ、ホンダなどの日本を代表する企業が米国企業を打ち破り、そのシェアを米国市場で伸ばしていったのは、いまだに語り継がれる昔話です。

新しい技術あるいは新しいコンセプトをもつ製品の開発を進めて、市場に後発で参入してくる企業と、すでにその産業に存在し、ある技術と製品のコンセプトにすでにコミットしている既存企業の間には非対称性が生じています。すでにある技術ないしは製品のコンセプトにコミットし、そのための投資を行ない、組織上の資源と能力をつくり上げてきた既存企業にとっては、ここで新しい技術、コンセプトに切り替えてしまうと、これまで行なってきた投資の価値が下がります。

このような状況のもとにある**既存企業がとる合理的な選択は、新しい技術、コンセプトに切**

り替えないで、これまでどおり既存の技術、コンセプトに固執することです。新しい技術、コンセプトに切り替えた場合、すでに行なった先行投資が既存技術、コンセプトに特有の資産への投資であるために回収ができないという意味から、サンク（埋没）コストと呼ばれています。このサンクコストの議論を使うと、日本企業が米国企業を追い抜いた１９７０年代から１９９０年にかけての状況、あるいは日本企業の新技術導入への対応が、新しい技術を素早く導入している米国企業あるいは中国企業に比べると遅れている最近の状況を説明するひとつの仮説といえるでしょう。

サンクコストの影響は、たとえば、日本と欧州の既存自動車メーカーが電気自動車の導入に本腰を入れるのに要したタイムラグに見られるでしょう。ガソリンとディーゼルを使用する内燃機関と動力伝達機構の開発・改善に長期間にわたり投資してきた既存メーカーは、その累積投資額、すなわちサンクコストが膨大なため、新しい技術・システムに乗り換えるのに消極的になっていたのは、合理的な判断によると考えられます。その一方で、新規参入、いわばゼロ発進のテスラにはサンクコストの影響がなく、新しい独自の技術を素早く投入できたのです。

サンクコストへの投資が市場構造を決定する重要な要因であることは英国のジョン・サットンの研究[†7]によって明らかにされています。前出のジョー・ベイン以来の研究では、市場構造は構造的諸要因、たとえば規模の経済性と最小最適工場規模（ＭＥＳ）、あるいは他の技術的要因によって決定されるというのが定説でした。一方、消費財産業の国際比較分析の結果、サット

†7　John Sutton, 1991, op. cit.

ンは従来の規模の経済性だけでは、一産業における国際的な市場構造の違いを説明できないとし、既存企業によるサンクコストへの戦略的投資、たとえば広告宣伝とＲ＆Ｄも市場構造の重要な決定因であると見出しました。このような投資を内生的なサンクコスト（endogenous sunk costs）と呼びます。

内生的なサンクコストへの投資が市場構造を大きく変えた代表的な例としては、世界のエクスプレス・メール産業における、ＦｅｄＥｘとＵＰＳの競争があげられます。ＦｅｄＥｘは１９７１年にフレッド・スミス（Fred Smith）によって設立されましたが、１９７３年に商業的サービスを開始しました。そのときに輸送した小包の数はたったの１８６個で、それを25の都市間での受け取り・配達でスタートしたのですが、その後の成長は著しく、スタート・アップ後10年以内で10億ドルの売り上げに到達した記録を残しています。[†8]

１９９０年代の終わりには、毎日３００万個に近い郵便物を配送し、売り上げ１００億ドルを超える企業にまで成長しました。１９９０年代には、ハブ施設、航空機、ＩＴ、ブランド構築などの一連のサンクコストへ多大の投資を行なった結果、ＦｅｄＥｘの創立時点では相対的に小さかった規模の経済性が大幅に増大し、参入障壁が著しく高まり、既存の小・中規模企業の退出を促進するとともに新規参入を困難にしました。

これに応じて、既存大手のＵＰＳもハブ施設、航空機、ＩＴなどのサンクコストに大きな投資を行なった結果、２０００年代初期には世界のエクスプレス・メール産業はＦｅｄＥｘとＵＰＳ

†8　Roger J. Frock, *Changing How the World Does Business: FedEx's Incredible Journey to Success-The Inside Story* (San Francisco: Berrett-Koehler, 2006).

の2社が圧倒的な優位性をもつ市場構造へと変化しました。すなわち、小規模なスタート・アップであったFedExが、参入後の投資により、市場構造を著しく変えたのです。

インストール・ベース、ネットワークの外部性、スイッチング・コスト

インストール・ベースを拡大して競争的優位性を確立する、というモデルをビル・ゲイツが経済学の講義から学んでいたから、実行したかどうかは別にしても、このモデルが成功するために満たす必要がある仮定の存在を理解したのではないでしょうか。

新しい製品・サービスが導入され、そのユーザー数（インストール・ベース）が大きくなるにしたがい、ユーザーにとっての利便性が高まる効果をネットワークの外部性（network externalities）と呼びます。

インストール・ベースが大きくなるにつれて、ウィンドウズに対応する応用ソフトウェアがたくさんつくられる、そうするとウィンドウズを使っている顧客は、ますますウィンドウズの利便性に意味を見出すようになる。つまり、ネットワークの外部性が大きくなり、顧客にとっては、ウィンドウズ以外のソフトウェアに切り替える費用、スイッチング・コストが高くなり、

切り替えを選択しない。

この例でおわかりいただけるように、インストール・ベースを拡大して競争力を上げ、結果として大きい利益を獲得するためには、ネットワークの外部性、スイッチング・コスト、さらに規模の経済性の仮定が満たされる必要があるのです。ビル・ゲイツは少なくともこれらの仮定をよく理解していたようです。

いかにマイクロソフトのウィンドウズが優れた製品であっても、それだけでは市場で成功できない、成功するためには市場構造と競争行動の主要因の理解が必要だったのです。このビル・ゲイツの例では、インストール・ベース、ネットワークの外部性、スイッチング・コストといった、いくつかの経済要因の重要性をソフトウェアとＰＣ産業に見たのですが、これらは他産業でも重要な競争要因となることはよく知られています。

ポーターのファイブ・フォース分析の動学化

ハーバード・ビジネススクール教授のマイケル・ポーターが１９８０年に発表したファイブ・フォース分析[†9]は、ＭＢＡの必需品として１９８０年代から２０００年代はじめにかけては、競争戦略といえばなくてはならない分析手法としての位置を確立しました。

†9 Michael E. Porter, 1980, op. cit.

ＭＢＡを取得した人はもちろん、ポーターの本をかいつまんで読んだ人、講習でにわか勉強した人を含めて、とにかくファイブ・フォース分析がパワーポイントのスライドにないと恰好がつかないみたいな風潮も当時はなきにしもあらずでした。

その後、ポーターの競争戦略論に対する批判、あるいは新しい概念として導入されたブルー・オーシャン戦略が脚光を浴び、ポーターの競争戦略論に対する風当たりが強くなったのが、この15年ぐらいの風潮でしょうか。しかしその一方で、ポーターのファイブ・フォース分析がオリジナルの意図を離れて独り歩きし出したがために生まれた誤解もあるようなので、その点をここで簡単に論じたいと思います。

それは、概念をどのように実践に使うのかという点です。ポーターのファイブ・フォース分析を使った産業分析の発表をいろいろな状況で拝聴する機会をこの30年間もちましたが、いつも感じたのは、「分析をしなければいけないので、とりあえずそのために行なった分析」で、洞察がないなということと、なぜある一時点の分析だけで、ダイナミックな異時点間の分析比較をして洞察しないのかな、ということでした。

特に2番目のダイナミックな分析の必要性は、ポーターの本の中でも示唆されている点なのですが、私が聞いたみなさんの分析は静学的なある一時点のスナップショットがほとんどでした。

産業の市場構造が変化することがもつ意味についてはすでに、Ｃｈａｐｔｅｒ３で言及しましたが、いま一度、ここで、競争戦略論の基礎となった経済学の歴史的発展の観点から簡単にこの点について考えてみましょう。ポーターのファイブ・フォース分析の礎となっているのは、ミクロ経済学の応用分野である産業組織論で展開された市場構造－企業行動－市場成果の関係を分析するための、いわゆるＳ（Structure）－Ｃ（Conduct）－Ｐ（Performance）アプローチです。市場構造の要因、たとえば参入障壁の高さ、既存企業数とその分布、製品差別の程度、買い手の交渉力、費用構造とサンクコスト、輸入競争、産業成長などが企業の行動に影響を及ぼし、それがひいては産業の成果に影響するという理論体系です[†10]。

１９５０年代から１９６０年代に議論された初期のＳ－Ｃ－Ｐの体系は静学的であり、市場構造は構造的要因により決定され、市場構造が市場成果に与える影響を実証的に分析することにその焦点が当てられていました。ところが、シュンペーターが考えたような創造的破壊が起こる状況のもと、言い換えると、企業が活発に設備投資、研究開発投資、さらには差別化を進めるための投資を行なう競争的行動のもとでは、市場構造は変化するものと考えられます[†11]。

†10　このS-C-Pアプローチはハーバード経済学部の教授であったエドワード・メイソン（Edward S. Mason）と彼の同僚、学生たちによって考案され、体系化されました。当時の議論はEdward S. Mason, “Price and Production Policies of Large-Scale Enterprise,” *American Economic Review*, supp. 29, 1939, 61-74; Joe S. Bain, *Industrial Organization*（New York: John Wiley and Sons, 1959）を参照してください。

†11　企業行動が市場構造を変化させること、そして企業行動の分析の重要性を提唱したのは、ハーバードの学生であり、後に教授になったマイク・シェラー（F. M. Scherer）とリチャード・ケイブス（Richard E. Caves）です。この点についてはF. M. Scherer, *Industrial Market Structure and Economic Performance*（Chicago: Rand McNally, 1970）; Richard E. Caves and Michael E. Porter, “From Entry Barriers to Mobility Barriers: Conjectual Decisions and Contrieved Deterrence to New Competition,” *Quarterly Journal of Economics*, 91, 1977, 241–261.

そこで、１９７０年代に入り、静学的なＳ－Ｃ－Ｐアプローチをよりダイナミックに考える方向に研究の焦点がシフトし始めました。その後１９７０年代中盤に入り、企業の投資行動は市場構造に依存する一方、投資行動はその構造を変化させるという命題を考察する研究が現れ、[†12]ゲーム理論により市場構造と企業行動の関係を分析する研究[†13]が多く発表されるようになりました。

このような産業組織論の理論の発展がここで意味することは、まず市場構造は外生的な要因により一義的に決定されるのではなく、内生的な要因にも影響を受ける、そして、企業の投資行動、特にサンクコストへの投資が、重要な構造の決定因となる、ということです。それゆえ、市場構造だけではなくて、企業行動を分析することも重要、ということです。

そこで、ハーバードのリチャード・ケイブス教授の学生であったマイケル・ポーターは、ハーバード学派のＳ－Ｃ－Ｐアプローチをファイブ・フォース分析に取り入れながら、競争的状況に直面した企業がとるさまざまな「行動」を『競争戦略』で紹介し、考察しました。ところが、企業行動の理解とその影響の分析よりも、ファイブ・フォース分析を使い、スナップショット的に市場構造を分析する産業分析が、〝分析のための分析手法〟としてもてはやされるようになったことはすでに述べたとおりです。

さてそうしますと、ファイブ・フォース分析が役に立つかどうかは別にしても、市場構造の分析で肝心な点は、産業の構造要因だけを分析するのではなくて、まずＣｈａｐｔｅｒ２と

†12　たとえば、A. M. Spence, “Entry, Capacity, Investment, and Oligopolistic Pricing,” *Bell Journal of Economics*, 8, 1977, 534–544; A. M. Spence, “Investment Strategy and Growth in a New Market,” *Bell Journal of Economics and Management*, 10, 1979, 1–19.

†13　代表的な実証分析としては、John Sutton, 1991, op. it.

Chapter3で考えたような社会・経済・技術・環境といったレベルでの地殻変動がどのように当該産業と関連産業、あるいは異業種に変化をもたらしているのか、それにより企業行動がどのように変化しているのか、そして、行動変化がどのように構造を変化させるのかを理解することです。つまり、以下の問いに備えることが重要と、本書では考えます。

- 社会・経済・技術・環境・政治の変化がどのように当該産業、関連産業、そして異業種の構造要因を変化させているのか？
- 当該産業の企業行動はどのように変わってきているのか？
- 関連産業の企業行動はどのように変わってきているのか？
- 異業種の企業行動はどのように変わってきているのか？
- 彼らは、どのような投資をどこに（たとえば、R&D、新製品開発、差別化、ブランド、チャンネル、経営資源・能力など）行なっているのか？
- その投資行動と他の行動が市場構造をどのように変えていくのか？
- どのように市場構造が変わったのか？　そのトレンドは？

この問いに答えを出すことにより、当該産業における競争の脅威、リスク、そして新しい機会を洞察するための窓が開けます。

Chapter 10

どのように目的を達成するのか

アントレプレナーとは、
現在満たされていないニーズを見出し、
それを満たす方法を見出す人、
あるいは既存の問題に
より効率的な解決策を見出す人、である。[†1]

——Joseph A. Schumpeter

ここまでの議論では、新しい「意味」と「世界観」を創り、それをビジョンに盛り込み、その目的を達成するために戦略を構築していく。そして、戦略構築のためには、経済的要因の理解も必要であり、経済的要因に基づいた競争上の不利が存在する場合には、それを覆す、あるいは相殺するための案を練る必要があります。

さらには、ペルソナが感じる「共感」を理解し、それを市場での機会に結びつける必要を述べてきました。こうした流れから、どのような消費者をターゲットとし、どのような価格設定を製品差別化の度合いに応じて行なうのかについても言及してきました。次に必要なのは、**生まれたアイデアをビジネス・コンセプトにまとめ、それを実現する**ことです。

共感と未来の戦略「利益をイノベーションに投資し将来に備える」

Chapter8では目的とビジョンを達成するために戦略があるという点を示すために図16（151ページ参照）を使いました。図16の一番下にある戦略の箱を拡大したのが図23となります。この図の出発点は左中央の「新しい意味」と「新しい世界観」です。この2つは、これまで繰り返し述べてきたので読者のみなさんの耳にタコができてしまっているかもしれないのですが、「デザイン思考」と「すでに起こった未来」の探索によって創り出されたものです。あ

†1　Joseph A. Schumpeter, *The Theory of Economic Development: An Inquiry into Profits, Capital, Credit, Interest, and the Business Cycle* (Cambridge, MA: Harvard University Press, 1934). ドイツ語の原書は1911年に出版されました。

る課題に対して、新しい意味と世界観を創り、それをもとにアイデアを見つけました。そして、いよいよそれを実現する戦略をまとめたのが図23なのです。

「新しい意味」と「新しい世界観」は少なくとも２つの結果を生みます。ひとつは新しいベネフィットを潜在的な消費者あるいはユーザーにもたらします。いまひとつは、創られた意味と世界観が人々の感動を引き起こすのであれば、それは「共感」を生むことになります。そして、この２つの結果をもとに戦略を構築します。

まず、創造された新しい意味と世界観が消費者にもたらすベネフィット、すなわち図23の上段から見ていきましょう。ある製品・サービスの価格を大きく上回るベネフィットを知覚した消費者は、その製品・サービスの購入を決定します。もし他企業が似たようなベネフィットをその消費者に提供していない場合には、その製品・サービスに対する需要はユニークなものとなり、需要は価格の変化に対して鈍感になります。そして、そこでとられる価格の選択は製品差別のもとでの価格設定となり、競争他社の価格行動の変化の影響を受けにくいのが特徴です。この点が、従来の「良いものを安く」戦略とは大きく違う点です。すなわち、企業はマージンを高める戦略を採用し、結果的に消費者余剰と生産者利潤を創造します。

次に、「新しい意味」と「新しい世界観」を通じて企業が新しい「感動」を消費者に与え、「共感」を導いていく２つ目の結果について考えてみましょう。

まず、共感する人たちをターゲット・カスタマーと設定します。このグループは、従来の人

図23　共感と未来の戦略

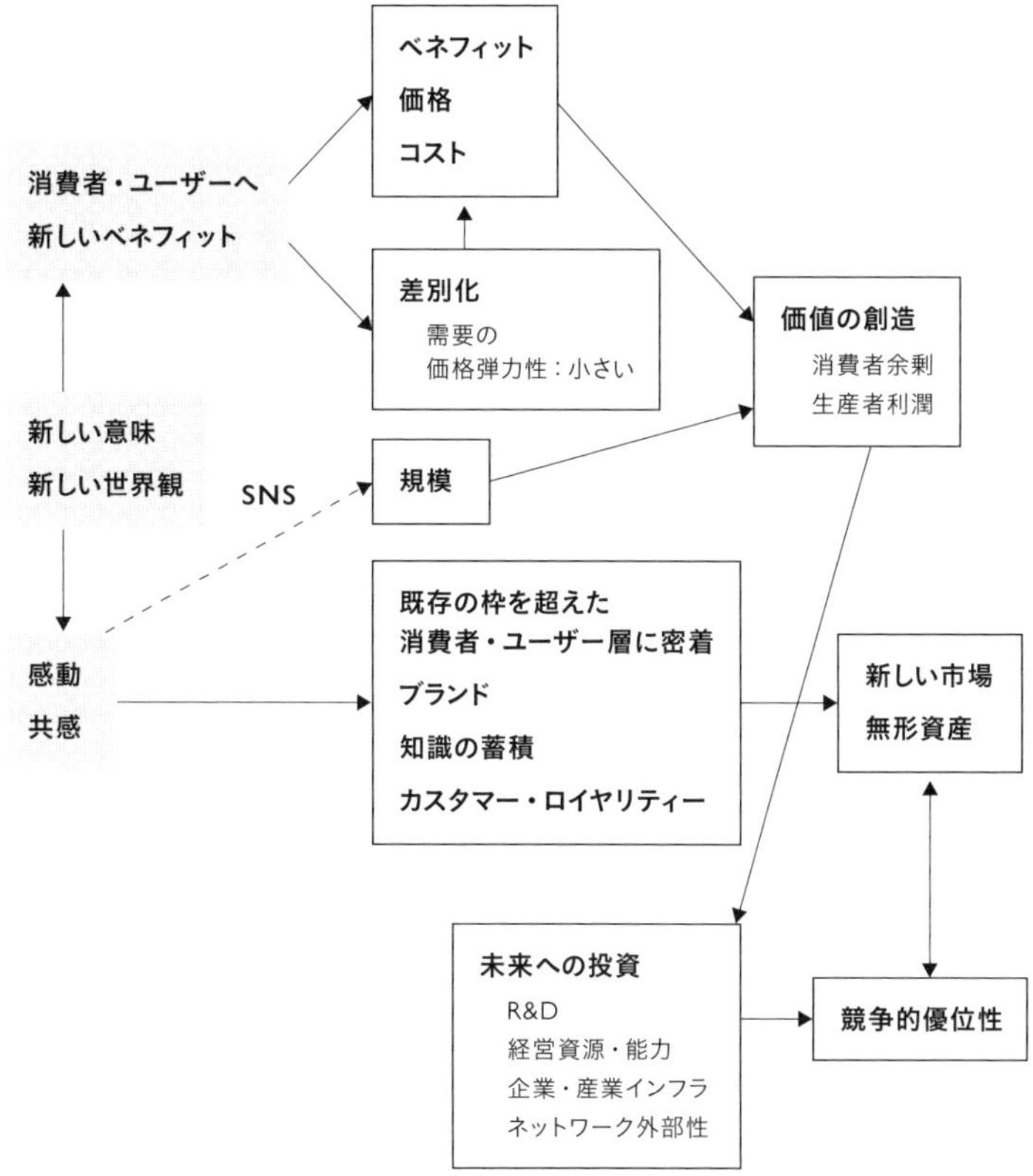

口統計に基づいて分類されたグループとは違い、デザイン思考でいうところのマインドマップあるいは心理的特性に重きを置いて創られたペルソナに基づくグループという点が、従来の戦略とは大きく違う点です。このグループの消費者・ユーザーに密着することを通じて、さらなるデータを集め、彼らのニーズを見つけていきます。そして、それが直接的にブランド構築につながり、カスタマー・ロイヤリティーを高めます。

最初の流れは、消費者余剰と生産者利潤をその成分とする価値を創造し、２つ目の流れは、新しい市場をつくり、さらには企業の無形資産を高めていきます。ここで重要な仮定は、「共感」がスケール、規模の拡大につながることです。もし規模が拡大されるのであれば、一層大きな価値の創造という結果をもたらします。生産者利潤が高まるにつれて、将来に向けての投資を行ない、来たるべき競争の激化に備えるために、経営資源と能力、Ｒ＆Ｄを高め、競争優位性を確保していきます。

この投資こそが、本書のＣｈａｐｔｅｒ１のはじめに紹介したドラッカーの引用「今日の高利潤ビジネスは、明日の白象（無用の長物）になるだろう」が意味するところの投資です。シュンペーターの「創造的破壊」の含意は、「イノベーションは昨日の設備・機械そして資本投資を陳腐化する。経済が進歩すればするほど、より一層の資本形成が必要となる。それゆえに、エコノミスト、あるいは会計士さらに、株式市場は、『利潤』を純粋な費用と見なす。言い換えると、ビジネスを継続していく上での費用、すべてが予測不可能な将来のための費用なのである。

唯一予測できるのは、今日、利潤を得ている企業は、明日、無用の長物になるだろう」[†2]。つまり、今日利益をあげている企業はその利益をイノベーションに投資し、将来に備えなさいという含意です。

この本の「はじめに」で述べたように、図16に要約されているモデルは3つの思考、デザイン思考、ドラッカーのマネジメント、そして戦略から成り立っています。そして、繰り返しますが、図23は図16の戦略の箱の内部です。この3つの要素を実際に組み合わせて市場で成功している企業はあるのでしょうか。

ひとつの例は、Chapter4で紹介した米国の高級オフィス家具メーカーのハーマンミラーです。ハーマンミラーは1923年にD・J・デプリー（D. J. De Pree）によって創設されました。創設者D・J・デプリーの息子のヒュー・デプリー（Hugh De Pree）とマックス・デプリー（Max De Pree）は1960年代初頭からハーマンミラーの経営に参画し、兄のヒューは父の後を継いで1962年に社長に就任し、弟のマックスは兄の後を継いで1980年にCEOに就任しました。

マックス・デプリーは1980年代を通じて尊敬されるべきリーダーシップを発揮し、ハーマンミラーを「最も称賛される企業」（『フォーチュン』誌）のリストに絶えず選ばれる優良企業にまで成長させました。彼はリーダーシップに関する造詣も深く、影響力のあるいくつかの書物を残しています[†3]。マックス・デプリーはピーター・ドラッカーと親交が深く、ドラッカー

†2　Peter F. Drucker, 1993, op. cit.

†3　最も有名なのは Max De Pree, *Leadership Is an Art* (New York: Currency Doubleday, 1989).

はデプリーのコンサルタントであるとともに友人でもありました[†4]。

余談ですが、ドラッカースクールの現在の校舎が１９７０年代中期に完成した際には、その家具はすべてハーマンミラー製の家具でした（図11b）[†5]。ハーマンミラーは家具を使う人の観点から、課題を解決することにそのデザインの焦点を合わせています。そして、顧客への対応はもちろんのこと、ステークホルダーである従業員の労働条件・環境そしてベネフィットについても多大の経営努力を払っていることで知られています。

その製品は高品質かつ特別な意味をユーザーに提供するので、ユーザーは大きなベネフィットを知覚し、その結果、ユーザーは価格が高くても購入する、という結果を生んでいます。つまり、図23で示した差別化戦略そのものであり、品質、デザイン、意味、マネジメントが統合してブランドをつくり上げたのです。

すなわち、この本で導入している３つの要素、デザイン思考、競争戦略、ドラッカーのマネジメントがうまく噛み合っている代表的な例といえるでしょう[†6]。

ビジネスモデル――〝モデル〟とは模型⁉

さて最近よく耳にするのは、「新しいビジネスモデルでやっています」「弊社のビジネスモデ

†4　デプリーの業績については https://www.hermanmiller.com/press/press-releases/remembering-max-de-pree/.

†5　この写真に写っているオフィスの家具（椅子、机、本棚、ファイルキャビネット）はすべてハーマンミラーです。

ルは他社とは違います」などの会話でカジュアルに使われている「ビジネスモデル」という言葉です。ビジネスモデルと言及すれば、すべてが軌道に乗って、成長していくような印象を受けるのですが、果たしてそうでしょうか。

ビジネスモデルとは、一般的には、ビジネスが成功するために必要な4つの大きな要因、顧客への価値提言（customer value proposition）、利潤方程式（profit formula）、主要な経営資源（key resources）、そしてプロセス（key processes）で構成されると知られています[†7]。なぜ、ビジネスが成功するための道筋を「モデル」と呼ぶのでしょうか。「モデル」は単純に訳すと「模型」です。**ではなぜ、「模型」なのでしょう？**

　米国の中学校の科学の授業では、3年間にいろいろな課題のプロジェクトを完成していかなければなりません。その中のひとつに、ループ・ゴールドバーグ装置を製作するというプロジェクトがあります。ループ・ゴールドバーグは米国の漫画家で、レールの上、あるいは筒の中に球を転がすと、その球が当たって仕掛けが作動し、それによって次の仕掛けが作動する、さらに次の仕掛けが作動し、その後いくつもの仕掛けが連鎖的に作動する仕組みを表現しました。このような仕掛けの連鎖が、最終的になんらかの作業を実行するわけです。このような機構を使った最終的な作業を実際に行なう模型をつくるのが中学校のプロジェクトの課題です。実際にこのような装置のプロトタイプをつくって試してみるとわかるのは、デザインの際に立てていた仮定が甘

†6　デザインと競争戦略の2つの観点からのアーロン・チェアーの評価については、Roger Martin, 2009, ibid. も参照してください。

†7　Mark W. Johnson, Clayton M. Christensen, and Henning Kagermann, “Reinventing Your Business Model,” *Harvard Business Review*, December 2008. このモデルが決定論的すぎるという批判については Ramon Casadesus-Masanell and Joan E. Ricart, “How to Design A Winning Business Model,” *Harvard Business Review*, January-February 2011 を参照してください。経営者が決定する選択は確固たる結果（fixed consequences）と流動的な結果（flexible consequences）に分類でき、流動的な結果が起こる仮定を知る必要があるとこの論文は強調しています。

かったり、間違ったりしていて、仕掛けがうまく作動しないような状況です。時としては、明示的な仮定はもとより、暗黙の仮定があったことにも気づきます。そして、これらの仮定がすべて満たされたときに、この模型がうまく作動することが、学べるのです。

ビジネスモデルの落とし穴

「ビジネスモデル」が「模型」であるということは、その模型に明示的な仮定を設定しているとともに、暗黙の仮定も隠れているかもしれないのです。すなわち、これらの仮定がすべて満たされないかぎりはモデル＝模型は作動しないのです。

ビジネスモデルがうまく作動しなかった簡単な例をファスト・ファッション（fast fashion）のモデルで考えてみましょう。

米国のビジネス雑誌『フォーチュン』が毎年発表する世界の億万長者のリストのトップ10位以内に毎年名を連ねるのが、スペインのＺＡＲＡ／Ｉｎｄｉｔｅｘの創設者のアマンシオ・オルテガ（Amancio Ortega）です。ハイテク・ＩＴ関連企業の創設者やＣＥＯがずらりと名を連ねる中、アパレル産業から世界のトップ10位以内に入るのは、異色といってよいのではないでしょうか。

なぜ、アパレルのＺＡＲＡがこれほどまでに成長し、利益をあげているのでしょう。

この質問をすると、大抵の方は、ああサプライチェーンね、と答えます。具体的にいうと、何がその成功要因ですかとさらに聞くと、低廉な労働者を使って生産し、素早く製品を流通チャンネルに送り、在庫を置かないようにするモデル、という答えをよく聞きます。

表面的には、この答えは正しいように聞こえるのですが、いくつかの重要な鍵を忘れているようです。ＺＡＲＡの財務諸表をたとえばスウェーデンのＨ＆Ｍと比較するとわかるのですが、Ｈ＆Ｍは小売りに特化しているのに対して、ＺＡＲＡ／Ｉｎｄｉｔｅｘは生産から小売りまでを一貫して行なう垂直統合企業です。そのため売り上げに占める土地・建物・機械という有形資本がＨ＆Ｍよりはるかに高くなっています。反面、在庫を多くもたないため、運用資本の回転率が極めて高いのも特徴です。

なぜ、垂直統合かというと、販売店には顧客の好み・嗜好、製品のトレンドなどの情報を的確につかむＩＴシステムを早くから導入し、そのデータをもとに、スペインの本部のクリエイティブ・チームが新しい服のデザインをシーズンの最中であっても企画、商品化し、それを自社工場で素早く生産し、近代的なサプライチェーンを駆使して世界中のストアに配送するための管理を容易にするからです。[†8]

このモデルに設定されている重要な仮定のひとつは、顧客が共感する製品をつくり

†8　ZARAの事例はハーバード・ビジネススクールからスペインのIESEビジネススクールに移籍したパンカジ・ゲマワット（Pankaj Ghemawat）が2003年にケースとして紹介し幅広く知られるようになりました。グローバリゼーションとZARAについてはPankaj Ghemawat, *Redefining Global Strategy: Crossing Borders in a World Where Differences Still Matter*（Boston, MA: Harvard Business School Press, 2007）を参照してください。

売り切る、です。もうひとつの仮定は、顧客が共感する製品を絶え間なくつくる、です。さらには、顧客の共感を生むことができる組織能力をもつ、です。これらの顧客の共感に関する仮定が満たされないと、このモデルはうまく作動しないといえます。そのために、スペイン本部にクリエイティブ・チームが設置されているのです。つまり、デザイン思考が示唆するように、顧客の側に立って、顧客のニーズを把握する能力がこのモデルでは重要視されているのです。

このＺＡＲＡのビジネスモデルはいわゆるファスト・ファッションを代表するモデルなのですが、一般的に耳にするファスト・ファッションは、これとは少し違うようです。限りないほど多数の製品を短期間に大量に低コストで生産し、低価格で販売して売り切る、というのがそのビジネスモデルとされています。さて、もしこれがファスト・ファッションのビジネスモデルとすると、成功するための仮定はなんでしょうか？　最も大きな仮定は、大量に生産された多数の製品が売り切れる、です。言い換えると、そのような大量の多数の製品への需要がある、となります。さらには、そのような製品に対して消費者が「意味」を見出し、共感をもち、ベネフィットがあると判断し、その製品を購入することでしょう。

米国ファスト・ファッションの大手としてはフォーエバー21（Ｆｏｒｅｖｅｒ21）があげられます。１９８０年代中期にロサンゼルスでアジア系のアメリカ人により創設されたこのブランドは、その後２０００年代に入り急成長し、２０１３年には全米で４８０のストアを開店し、ヨーロッパ、アジアにも事業を広げていきました。このブランドは、無数の低価格の商品を大型店

舗（平均規模３５００㎡）にところ狭しと並べて売り切るという典型的なファッションのビジネスモデルです。大型店舗を急速に開店していった２０００年代後半には、そのテーマ・パークのような規模のストアに並ぶ無数のキラキラした新鮮に見える商品をもとに集客し、売り上げを店舗数とともに伸ばしていきました。

私は、２０１９年の春に、Ｃｈａｐｔｅｒ２で紹介した米国の13歳の中学生、彼女の友だち、そしてそのほかのティーンエージャー13〜17歳の女子にカリフォルニアのファスト・ファッションの購買体験についてカスタマー・ジャーニーのヒアリングをしたことがあります。そのとき、特に印象に残ったのは、フォーエバー21について彼女らが語った体験でした。

インタビューをした数名の女子は全員、フォーエバー21で買い物をした経験があります。しかし、その後、特にこの2年ぐらいはフォーエバー21には行かなくなったのです。理由を聞くと「買うものがない」「意味がない（doesn't make sense）」「なにこれ（what's this stuff）」と思うものが多い」「無駄」「ゴミ（trash）」とGen Zらしく手厳しかったのを覚えています。

つまり、店内の商品は、無意味で共感をちっとももてないし、環境に優しくないというわけです。その後、フォーエバー21は２０１９年の9月に経営破綻により倒産しました。

経営破綻の理由としては、もちろんオンラインストアの急伸、競争激化など環境の変化もその要因として考えられますが、端的にいって、この破綻はティーンエージャーの消費者に新しい「意味」と共感を生む「世界観」を与えなかったために、ＺＡＲＡが満たしている３つの共

感についての仮定を満たせなかったことに尽きると思います。単純に、企業としては大量の多種類の商品を低コストで供給できたものの、肝心の需要側の条件を忘れてしまっていたのです。言い換えると、ビジネスモデル成功の鍵となる仮定をこのブランドは満たすことができなかったために起きた破綻と筆者は推測しています。自らが招いた破綻です。

余談とはなりますが、それではヒアリングをした数名のカリフォルニアのティーンエージャーは２０１９年夏現在、どのブランドを選択しているのでしょう。即答されたのは、ブランディ・メルビル（Brandy Melville）でした。イタリアのブランドですが、カリフォルニアを喚起させるデザインで、ＵＣＬＡの近くで２００９年に初のブランドストアがオープンしました。ちなみに、このブランドはティーンエージャーの女子を雇用し、彼女らに新しいデザインとアイデアをつくってもらっていることで知られています。

ＺＡＲＡがそうであるように、このブランドも広告支出は極めて低く、ＳＮＳをその情報伝達の手段としています。

最後に、面白いことには、インタビューした女子は、オンラインショッピングはしないそうです。ドラッカーがいうように、ある企業のさまざまな顧客が考える価値は極めて複雑で、彼らにとって何が価値なのかという問いは彼らのみが答えられる、だから、経営者はこの答えを推測しようとすることさえしないほうがよいのです。何が価値かの答えは、顧客に体系的に質問することによってのみ知ることができるのでしょう。[†9]

†9　Peter F. Drucker, 1973, op. cit.

Chapter 11

どこで目的を達成するのか

顧客を満足させることは
あらゆるビジネスの目的であり使命である。
それゆえに、〝我々のビジネスは何か（What is our business?）〟
という問いはビジネスをその外側から、すなわち、
顧客と市場の目線から見ることによってのみ
答えることができる。
あるとき、顧客が見る、考える、信じる、
そして欲するものを、経営者は客観的な事実として
受け入れなければならない。[†1]

——Peter F. Drucker

Ｃｈａｐｔｅｒ８で戦略について述べましたが、戦略の鍵となる問いは、どのように目的を達成するのか、でした。

そして、その答えを見つけるための質問として、どのような意味をもつ製品とサービスを消費者に提供するのか、どのような消費者をターゲットにするのか、どのような消費者の価値を満たすのか、そして、どこの国、あるいは地域の消費者を対象とするのか、でした。意味、価値、ターゲットのペルソナについてはすでに述べてきたので、ここでは、**「どこで」の問い**に焦点を当てていきます。

ところで、「どこで」の問いは国、地域といった地理上の場のみを示しているわけではありません。たとえば、この問いを米国を代表する洗剤・ヘアケア・衛生用品・家庭用品・化粧品の大手企業であるＰ＆Ｇの会長・社長・ＣＥＯであったＡ・Ｇ・ラフリー（A. G. Lafley）に聞いてみると、どのような答えが返ってくるでしょうか。ピーター・ドラッカーの経営哲学に感銘し、彼をメンターとしたラフリーはドラッカーが亡くなる前、現役時代の２０００年代には、ドラッカースクールに数回にわたり来校しました。

その際に彼が常に語っていたことは、「Ｐ＆Ｇにとって、どこで戦うのかの問いは、常に消費者から始まります。彼女の行動を観察し、彼女の家を訪問して、彼女を真に深く理解することからすべてが始まります」です。ちなみに、アートセンターのプログラムでも、Ｐ＆Ｇの商品開発とブランドの確立・育成・保護の事例を多く議論しますが、Ａ・Ｇ・ラフリーはデザイン

†1　Peter F. Drucker, 1973, ibid.

思考が米国の産業界で幅広く活用される以前から、その本質を理解し、実践していたといえます[†2]。

どこで目的を達成するのか【プロセス】

　ここまで本書を読まれた方は、デザイン思考は消費財の分野でしか役に立たないのではないか、という疑問をもたれるのではないでしょうか。消費者を深く理解するというアプローチは、何も消費者だけではなく、生産者同士、いわゆるＢ２Ｂのプロセスにおいても活用できることは、図11ａ（85ページ参照）で紹介したブレーキ部品のブレンボ、オフィス家具のハーマンミラーの例のほかに、デザイン思考の専門書においても明らかにされています[†3]。

　台湾の高雄市にある家族経営の中小企業ウッドマックス（Woodmax Ky Industries Corp.）のＣＭＯ（Chief Marketing Officer）アンドリュー・チェンはＢ２Ｂの下請け企業として世界的な実績をあげているウッドマックスを次のレベルに引き上げようと現在努力を重ねています。けれども残念ながら、みなさんの中でウッドマックスを知っている方はごく稀だと思います。

　なぜなら、ウッドマックスは海外の大手企業の下請けとして製品を製造し納入しているので、その名前が表に出ることは稀だからです。

†2　デザイン思考、ポーターの競争戦略、ドラッカーのマネジメントを応用して結果を出したP&Gについては、A. G. Lafley and Roger L. Martin, *Playing to Win: How Strategy Really Works*（Boston, MA: Harvard Business Review Press, 2013）を参照。

†3　たとえば、Thomas Lockwood（ed.), 2009, op. cit. を参照。

ウッドマックスは事務用家具から、机上アクセサリー、写真立て、筆記具セット、キーホルダーといった顧客企業が顧客・取引先に渡すギフト・記念用の製品から、企業の商品にいたるまでの幅広い製品を高い品質で製造できる能力をもつ企業です。スターバックス、アンダーアーマー、ナイキなどの大手企業から各種ノベルティ・グッズ、各種商品の独占的な地域製造権利を勝ち取り、それら製品の製造を主たる事業としています。

たとえば、スターバックスのステンレス・スチール製タンブラーはウッドマックスが実際の製造を中国で行なっていますが、タンブラーの底には、オランダのスターバックス製造会社の記載があるのみで、ウッドマックスとは一言も記載されていません。CMOのアンドリューによると、これまでの戦略は、いわゆる日本的な「質の良いものを安く」であったけれども、現在は次のステップに登る準備が整いつつあるとのことです。「質の良いものを安くは良いけれど、それを長期的に維持していくためには、絶えず低賃金の新興国を探して、そこに工場を雁行のように移動しなければならない。これまではなんとかうまくいったのだけれども、今後はこの戦略を継続して成功していくのは、国際競争の激化により難しくなっている」というのが彼が直面する現実です。

そこで、デザイン思考のアプローチを取り入れて、B2Bの下請けであっても、デザイン能力を高めることによって、ごくかぎられた企業のみに知られたブランドから、多くの企業が知るブランドを築き上げていこう、というのが新しいビジョンになっています。最終消費者が共

感する意味を見つけて、それに基づいて新しい製品をデザインする能力を確立し、その結果として下請け企業としてのブランドを構築し、それにより、新しい企業顧客を呼び込むというのが戦略です。デザイン思考をもとに小売り、Ｂ２Ｃに移行していくのではなく、あくまでＢ２Ｂのプロセスの中で、企業向けのブランドを構築していくという考えです。

アンドリューによると、すでにこの戦略が成果を生み出しているそうで、これまで中国本土は製造工場だけだったのが、２０１９年には上海にデザイン・オフィスを開き、現在ではそこが新しい顧客と接する場所となっているそうです。言い換えるとＢ２Ｂの下請け製造業企業の「どこで目的を達成するのか」の「どこで」が工場からデザイン・オフィスへとその焦点を移しているのです。

どこで目的を達成するのか【分野と場所】

ＤＨＬというドイチェ・ポストの傘下にあるエクスプレス・メールの企業がありますが、このＤＨＬがニューヨーク大学のビジネススクールと提携して「グローバル・コネクテッドネス・インデックス」[†4]という指標を発表しています。貿易、資本、人、情報の４つの分野において、どの分野でグローバリゼーションが進んでいるかを観察する指標です。最新版では、２００５年

†4　DHL Global Connectedness Index 2018: The State of Globalization in a Fragile World, 2019.

から２０１７年の12年間について、各分野の指標のトレンドを比べています。

国際貿易と国際的な資本流動に関しては、２００５年以前にグローバリゼーションが進んでいるので、２００５〜２０１７年の期間では伸び率は低いのですが、国際的な情報の流れと国際的な人の動きについては、この12年間は上昇トレンドが観察されます。特に上昇著しいのが情報の流れです。周知のように、インターネットから始まり、ソーシャルネットワークを通じて情報が瞬時に世界に伝わるのが現状です。

人の動きでも、日本ではインバウンド、外国人訪問客が非常に増加していることがありますが、たとえば20年前くらいに米国、ヨーロッパから日本の航空会社、全日空か日本航空に乗って日本に帰ると、だいたい8割ぐらいのお客さんは日本の方だったのではないでしょうか。ところが、最近はロサンゼルスから乗って成田で降りると、成田で降りる日本人乗客が全体の4〜5割ぐらいで、残りの外国人乗客の大多数は乗り継ぎでさらに遠方に飛ぶような印象を受けます。それぐらいに、人の動きは最近では国際的になってきているのです。

さて、このグローバル・コネクテッドネス・インデックスは、貿易、資本、人、情報のグローバリゼーションの進展を示唆しているのですが、何もこれは、日本の企業が海外市場へ、あるいは外国企業が日本市場へ障壁なしに簡単に参入できることを意味しているわけではありません。１９９０年代中期のオンラインビジネスの創成期には、ひとたびインターネット上に起業すれば、瞬く間にグローバルビジネスになれるという迷信がありました。

ところが、**オンラインビジネスの創成期企業が学んだことのひとつは、世界中にいる潜在的な顧客が瞬時にアクセスできるインターネット上のビジネスでも、〝グローバルビジネスは1日にして成らず〟でした。**グローバル市場への参入障壁となったのは、支払い方法、郵送料、返品・交換にともなう不便、配送にかかる日時といったロジスティックスに関する面のほかに重要なこととして、消費者の嗜好・好みの違い、生活習慣の違い、社会環境の違い、言語の違いといった国家間に依然として存在する障壁でした。

つまり、グローバリゼーションが進展している一方で、国家間・地域間の境がいまだに確固として存在しているのです。ロジスティックスに関しては、アマゾンのように多大のサンクコスト投資をすることによって改善できるものの、消費者の好み・嗜好、生活習慣、社会環境、文化、言語は簡単に変わるもの、変えられるものではありません。

たとえば、米国、ドイツ、日本でベストセラーの自動車の車種を比べてみましょう。

米国では、フォードのＦ系ピックアップトラック、ＧＭのシルバラード・ピックアップトラック、そしてダッジのラム・ピックアップトラックの3車種が例年売り上げ台数の上位3位を占めています。

ドイツでは、フォルクスワーゲン（ＶＷ）のゴルフ、ポロ、ティグアン小型ＳＵＶ、パサート、そしてメルセデス・ベンツのＣ－クラスがこの数年の上位陣です。

日本ではどうでしょうか。２０１８年ではホンダのＮ－Ｂｏｘを筆頭にスズキスペーシア、日

産デイズ、ダイハツタントの軽自動車の各車種がトヨタのアクア、プリウスを上回ったようです。

米国では上位3位の米国ブランドのピックアップトラックの後は、２０１８年は日産ローグ、トヨタＲＡＶ4、そしてホンダＣＲ－Ｖといった小型のＳＵＶが、上位6位以内にランクされます。ところが、２０１８年のドイツのモデル別のランキングではＶＷ傘下のチェコのブランドであるシェコダの2車種とイタリアのフィアット５００を除いて、上位30位以内はすべてドイツのブランドのモデルで占められています。[†5]

このような自動車の売り上げ台数ランキングの市場別の違いは、消費者の嗜好・好み、使用状況、道路状況、社会状況、税制などの国別差異により説明できます。それでは、ドイツのように自国の自動車産業の競争的優位性が高く、さらに、上級車種では揺るぎないブランドを世界的に確立している企業がひしめいている市場で、消費者にドイツの既存企業が提供しない「意味」と「世界観」をもたらすことは不可能なのでしょうか。

容易なわけでは決してありませんが、新しい「意味」と「世界観」をもたらしている自動車があります。それは日本の車です。

ここで、ベルリン生まれで現在もベルリンに住むクラウスさん（仮称）を紹介しましょう。１９３６年生まれの彼は、１９６０年代から１９９０年代に西ベルリンの中・高等学校である

†5　米国市場は*Automotive News*の編纂した統計、ドイツ市場はKraftfahrt-Bundesamtの統計、そして日本市場は日本自動車販売協会連合会と全国軽自動車協会連合会の統計に基づきます。

ギムナジウムの教師を務めました。当時の西ドイツの中等教育は、優秀な人材を採用するためにその教職員への待遇を手厚くし、長期休暇もとれることもあり、人気のある職業でした。クラウスさんは西ベルリンの閑静な住宅地であるフリードナウ地域にあるアパートに住んでいます。趣味は読書と音楽鑑賞、休暇は友人とＶＷのＴｙｐｅ２を改装したキャンピングカーで、ドイツ国内とスウェーデンを旅行し、ハイキングを楽しみ、冬には高校生のスキー旅行の引率をするなど、常にアクティブな日常を送っていました。

当時は地球温暖化、気候変動が大きな課題になる以前でしたが、ドイツ特有の資源を大切にし、無駄を省く哲学をその生活に取り入れていたクラウスさんは、旅行中は馬鹿にならないホテル代をキャンピングカーで過ごして節約していました。その一方で、当時話題になっていた美味しいワインと料理のレストランには、お金を惜しまずにすかさず訪れることを楽しみとしていました。クラウスさんはいわゆるモノにこだわるタイプで、時計はＩＷＣ、ハイキングシューズはダハシュタイン（Dachstein）、雨用ジャケットはバブアー（Barbour）、白ワインはドイツのフランケンワインなどと、うるさいのです。

さて、ＶＷのＴｙｐｅ２は旅行用（キャンピングカー）ですが、こだわる彼がベルリンでの日常生活に選んだ車はなんでしょう。私がはじめて彼に会った１９８６年には、すでにスズキのジムニーを使っていました。その後２０１１年に久しぶりに再会したときもジムニーでした。

最近、彼の息子さんに会ったので、お父さん元気？と聞いたらば、「父は83歳になりましたけ

れど元気ですが、ひとつ悔やんでいることがあるのです。２０１８年に発売されたジムニーの新車を買おうと思っていたら、あっという間にドイツでは売り切れとなってしまったので、いま新車のジムニーを買うことを夢に描いています」といい、クラウスさんが欲しい黄色のジムニーの写真を見せてくれました。このクラウスさんは標準的なユーザーではない「極端なユーザー」と考えられます。本気でジムニーが好きになったユーザーです。読者のみなさんはクラウスさんから、ジムニーのユーザーの行動について、どのような洞察を導きますか。

ご存知かとは思いますが、２０１８年発売のスズキジムニーは日本のみならず欧州でも好評で、ドイツの自動車専門誌 *auto motor und sport* をして echter Geländewagen（真のオフロードカー）といわしめたほどです。[†6] ドイツでは、発売後すぐに完売となるほどでした。ちなみに、ドイツ市場におけるスズキの新車登録台数は２０１９年１〜８月期では、ホンダの新車登録台数よりも多く記録されています。

海外市場への参入――共感、ブランド、規模

さてここまで本章で長々と述べてきたことは、どのような意味をもつのでしょうか。

第一に、**海外市場で消費者が共感する「意味」を提供することは、参入障壁の高い市場でそ**

†6 "In Deutschland vorerst wohl nicht mehr verfügbar," by Torsten Seibt, Patrick Lang, Thomas Gerhardt, *auto motor und sport*, February 15, 2019.

の障壁を超えるための「踏み台」となり得る、です。このような意味がない場合には、消費者にとっては、その製品はただの代替品にすぎず、需要の価格弾力性は大きくなります。つまり、価格を下げて消費者のベネフィットを高め、それを低コストで販売せざるを得なくなります。しかも、低コストが達成されない場合には、売り上げが増えてもマージンは低いままという結果に終わります。

第二には、クラウスさんのペルソナのストーリーが示唆するように、**ペルソナを考えて、そのペルソナが共感するニーズを見出すのは有効な戦略**と思われます。ドイツ市場で、２０１８年型のジムニーが売り切れになったという事実は、ペルソナ・クラウスのような消費者がほかにもいたのでしょう。この例では、実際にスズキがクラウスさんのようなペルソナを考えたかどうかはわかりませんが、少なくとも、このようなペルソナが共感したことは事実です。共感をもつ顧客を見つけ、その数が少なくても、その人たちを核としてブランドをつくり上げる、という戦略は地味で地道な努力を必要としますが、とても重要だと考えます。そうしてこそ、「ジムニーのスズキ」が世界を超えていけるのです。

第三には、**どこで戦うのかの問いの答えは、どのようなペルソナを考えるかによって違ってくる**ということでしょう。創られた意味に共感する消費者が存在しない市場への参入は、低価格戦略の選択を余儀なくさせられるだけではなく、「踏み台」がないので、絶対的な障壁に突き当たる可能性が高いという結論が導かれます。まさに、この点は先の米国・ドイツ・日本の自

動車市場の国際比較が如実に物語っています。

日本車が誇る故障が少なく信頼性が高い、至れり尽くせりの内装機能がオプションではなくてスタンダードに装備されている、そして燃費がよいといった客観的な意味は、米国市場の消費者にとっては高く評価され、それが米国市場で差別化の礎となり、ブランド構築へとつながっています。一方、ドイツ市場では、これらの意味を超えた新しい意味がないかぎり、その消費者にとってはベネフィットがないということになり、一般的に消費者は日本車を選択しないという結果を招いています。この場合に問うべきは、「どこでは戦わないのか」でしょう。ドイツ市場で多額のサンクコストへの投資をすることは、そこでのリスクを高めるわけで、その製品がもつ「意味」に共感してくれる消費者がいる市場にその投資額を割り当てたほうが企業にとっては合理的な選択となり得ます。

さて、新しい「意味」をせっかく創り上げても、それが、種々の要因によって、存分に活かされない場合があることにも留意しておくべきかもしれません。成田あるいは羽田空港に到着して、息つく暇なく日本文化の洗礼を受けるのは、次から次へと現れるＴＯＴＯのウォシュレットの広告を見るときです。入国審査を受けて正式に日本に入国する前に、あー、日本に帰ってきたと実感するのがこの瞬間です。

日本を訪問する海外からの旅行客が驚嘆し、戸惑い、写真をとり、インスタグラムやフェイ

スブックに掲載し、慣れ親しんでいくのがウォシュレットです。最近では、これを見かけないトイレが大都会では少ないほどで、まさに、トイレがある所にはウォシュレットとその競合製品ありき、といっても過言ではないほどの印象を受けます。

これほどまでに日本国内で普及し、海外からの訪問客も使用しているので、さぞかし海外でも普及しているのだろうと想像するのですが、そうでもないのが現実です。中国市場とアジア市場では最近売り上げが伸びているようですが、米国市場と特に欧州市場では、浸透率はあまり高くありません。ちなみに、米国市場では、ＴＯＴＯは１９８９年に水消費量の少ないトイレを市場に導入し、米国市場で唯一の水使用量が少ないトイレとして２０００年後期までには25%以上という立派なマーケットシェアを獲得しました。

そこで、米国市場での足場を確保したＴＯＴＯは２００３年にウォシュレットを市場に導入するにいたりました。ところが、発売当初は売り上げが伸びたものの、その後は伸び悩み、２００７年にはＴＯＴＯ ＵＳＡの売り上げの５%以下にとどまっています。[†7] ２０１７年のＴＯＴＯの売り上げの約65%は国内市場から得たもので、米国と欧州市場からの売り上げは全体の10%未満と推定されます。[†8]

日本国内ではこれほどまでに普及し、トイレに新しい「意味」を創ったウォシュレットですが、欧米では日本とのトイレ文化の違い、トイレ機材に対する消費者の認識の違い、住宅建設の請負業者が通常のトイレの代わりにウォシュレットを設置することに一般的に無関心、そし

†7 "TOTO: The Bottom Line," Harvard Business School, Case 9-809-064 の Table 20 に依拠しています。

†8 "Frequent flyer: why hasn't the Japanese toilet taken off?," by Michael Skapinker, *Financial Times*, May 26, 2019.

て既存のトイレがある場所に電気回路が備わっていない不便性などの理由により、日本よりはるかに低い普及度に甘んじているのが現状です。

ドイツ市場における日本車、あるいは欧米におけるウォシュレットの市場浸透度の低さは、消費者の嗜好・好み、認識の違い、消費者のニーズの違いなどの文化的な距離によるところが大きいのかと思われる一方、このような文化的な距離を相殺するベネフィットを消費者に提供して、海外市場で共感を創り上げ、それをもとにブランドを築くことができれば、図23（２１１ページ参照）に示された「規模」の拡大に結びつけることができます。図23で示された生産者利潤はマージンの大きさと規模の２つの要因によって決定されています。

ですから、「規模」の拡大は、デザイン思考に基づく製品・サービスの財政的な観点からの成功にとっては、大きな課題です。もちろん、海外市場で、新しい「意味」が受け入れられ、その「世界観」に共感をもつ顧客が多く存在すれば、問題は解決されるのですが、必ずしもそうはいかないのが現実です。

ところが、最近この状況に大きな変化が起きています。それは、ミレニアル世代とGen Zの若者の間でソーシャルネットワークが普及し、それにともない強まってきているＳＮＳのインパクトです。すでに知られているように、インバウンド外国人旅行客が日本滞在中に発信する情報が、ＳＮＳを通して瞬く間に世界中に伝播され、日本に住む日本人よりも海外の人のほうが最新の情報をもっているというような状況が起きています。

たとえば、東京の表参道の裏にある渋谷区立神宮前小学校の前の通りと一本北側の通り、さらには神宮前4丁目の地域一帯には、アジアからの若者がスマホを頼りに大勢歩いているのを見かけます。たとえばＢＡＰＥなどのストリートウェアのブランドは日本で知られている以上に、現在海外で人気がある場合も多く、ＳＮＳのインパクトを侮ることはできません。

さてそうしますと、本章のはじめで紹介したＡ・Ｇ・ラフリーが強調する、「すべては消費者から始まる」というアプローチは無視できないでしょう。多国籍企業として長い間、世界中の市場でブランドを築き上げてきたＰ＆Ｇのような企業から学べることは、その企業資源の規模が大きく違うので、スタートアップの企業にとってはあまりないかもしれません。

けれども、本章の冒頭の言葉は、ピーター・ドラッカーの「顧客を満足させることはあらゆるビジネスの目的であり使命である。それゆえに、〝我々のビジネスは何か(What is our business?)〟という問いはビジネスをその外側から、すなわち、顧客と市場の目線から見ることによってのみ答えることができる。あるとき、顧客が見る、考える、信じる、そして欲するものを、経営者は客観的な事実として受け入れなければならない」[†9]という引用に、その端を発していると、当時現役であったラフリーはドラッカースクールで行なわれた２００２年と２００４年の講演で繰り返し述べていました。

ここまで読まれたみなさんは、この引用を読んで、あっ、デザイン思考と共通しているアプローチだな、と気づかれるのではないでしょうか。

†9　Peter F. Drucker, 1973, ibid.

消費者が見るもの――豊田章一郎氏の指先

このドラッカーの引用の例をもうひとつ紹介しましょう。ピーター・ドラッカーは２００５年11月に95歳で他界しました。その翌年の２００６年の５月に、ドラッカーへの追悼の意味を込めて、ドラッカースクールの母体であるクレアモント大学院大学（Claremont Graduate University）[†10]がドラッカーの哲学と相容れる経営を実践してきた企業の経営者に名誉博士号を授与しました。

前述のＰ＆ＧのＡ・Ｇ・ラフリーとトヨタの豊田章一郎の両氏が選ばれ、両氏が卒業式における学位授与式に参列されました。私はそれ以前に豊田氏にお会いしたことがあったので、卒業式当日のお供をする栄誉を受けることになりました。授与式のスピーチで豊田氏は「日本企業と日本経済は１９６０年代から高度成長を成し遂げたが、それはドラッカーの貢献によるところが少なくない」とドラッカーへ大きな感謝の言葉を送りました。

さて、学位授与式も滞りなく終わり数日たち、ドラッカースクールから豊田章一郎氏に授与式の写真を差し上げようという話になりました。その数日後、授与式の際にフォトグラファーが撮ったオフィシャルの写真をこの企画の担当の米国人スタッフ４人と見ていると、図24の写真が素晴らしいから、それを差し上げようということになりました。

そのときにスタッフのひとりが、「この写真は最もトヨタらしい」と言い出しました。一同、

†10　クレアモント大学院大学は米国カリフォルニア州クレアモント市にあり、全米でも有数の私立リベラル・アーツ・カレッジ５校（ポモナ、クレアモント・マッケンナ、スクリップス、ピッツァー、ハーベイ・マッド）とともにクレアモント大学群（The Claremont Colleges）を形成しています。

「どうして？」と聞き直すと、この女性スタッフは「この写真に写っているDr. Toyodaの手と指先からそれがわかる」というのです。そこで、そこにいた一同5人がもう一度、図24の写真をじっと見つめると、別の女性スタッフが**「ぴちっと伸びた指先が、トヨタを表している」**と言い当てました。また写真を見つめると、まさに、そこには、豊田章一郎氏の「ぴちっと」「伸びた」指先がはっきりと見てとれるのです。そして、ここに居合わせた5人のうち3人がトヨタ車オーナーで、その3人の米国人が口を揃えて「トヨタの車は〝ぴちっと〟していて好きだから買った」といったのです。

この逸話を私なりに理解すると、ト

図24　消費者が見ること：豊田章一郎氏の指先（クレアモント、2006年5月）

ヨタ自動車の社長・会長として企業のトップであった人の指先が「ぴちっと」している、つまりリーダーとして「ぴちっと」している、だからトヨタという会社は「ぴちっと」経営している、その会社がつくる車は「ぴちっと」している、だから私はその「ぴちっと」を重要なベネフィットとして、トヨタの車を買って信頼している、となるかと思います。これはいわゆるロングショットの意見ですが、これこそが現実の消費者が企業のリーダーを見て、考えて、信じた事実なのです。

さらには、「ある組織の精神はそのトップから生まれている」[†11]のを消費者が読み取ったのです。企業の目線からすると、これは他愛もない話で終わってしまうのかもしれませんが、消費者にとっては、重要な意思決定をしたことの裏づけを豊田氏の指先に見たのです。人は実によく見ているのです。

従来の境界を超えて共感を創る

さて、そうしますと、新しい「意味」と「世界観」を創り上げようと試みている企業は、その「目的」と「ビジョン」をどこで達成するのかをいま一度、考える必要があるのではないでしょうか。

† 11　Peter F. Drucker, 1973, ibid.

もちろん、デザイン思考のプロトタイプのテスト段階では、試行錯誤、トライアルアンドエラーの連続ですが、失敗を恐れずに進めていくので、そのプロセスの途中で、「どこで勝負していくのか」、あるいは、「どこでは勝負しないのか」を顧客・消費者・ユーザーの目線から選択していくことが必要になります。

日本の自動車メーカー、トヨタ・ホンダ・日産は長きにわたり、北米市場の消費者を深く調査し、理解してきました。その結果として、北米の消費者と市場に受け入れられ、特にトヨタは確固たるブランドを築き上げ、経営的にも安定した業績をあげているのは周知の事実です。その反面、本章で見てきたように、ドイツ市場では、これまでのところ、競争力が高くないのか、あるいは、勝負をしていないようにも見てとれます。言い換えると、「行かない場所をはっきりと決める」というのも「行く場所を決める」と同様に重要な選択となるのです。

Ｃｈａｐｔｅｒ３で、『Crazy Rich Asians』（邦題『クレイジー・リッチ！』）というワーナー・ブラザース・エンターテイメント（Warner Bros. Entertainment）が２０１８年に配給した映画について言及しました。その理由は、アジア系アメリカ人とアジア経済圏の経済・社会的進展を背景として、不調和、認識の変化を機会として製作された例といえるからでした。人種間の違いのみならず、それと交錯する経済的・社会的・文化的な違いを超えて観客の間で感動を呼び、共感を呼ぶ映画をつくろうというトレンドがこの数年起きているようです。

20世紀フォックス（20th Century Fox）には消費者洞察とイノベーション（Consumer Insights

and Innovation）という部門があります。この部門は、デザイン思考のように、消費者行動のトレンドを分析し、消費者を観察して洞察を行ない、そこからイノベーションを起こす糸口を見つけるということをその目的としています。この消費者洞察とイノベーション部門のヴァイスプレジデントを務めるベッティーナ・シュリック（Bettina Sherick）の話を２０１９年の３月に聞きましたが、そこで彼女は最近のトレンドについて、このように話しました。

「映画の観客がもつ影響力はこの数年、特に高まってきています。観客は以前にも増して、優れたストーリーテリングを軸とする映画に惹きつけられています。ストーリーテリングが観客の感動を炸裂させるとき、さまざまな人種・性別などに存在する社会文化的な差異が薄らぎ、それまでの障壁が崩れます。まさにそのとき、さまざまな社会文化的背景をもつ多様な人たちをその映画の観察として惹きつけることができるのです」

　この話の中で、ベッティーナがストーリーテリングの成功例としてあげた映画は、先ほどの『クレイジー・リッチ！』であり、２０１８年ユニバーサル・スタジオ配給の『グリーンブック』、そして、２０１７年ワーナー・ブラザース配給の『ワンダーウーマン』でした。『グリーンブック』は人種差別の題材にもかかわらず予算と興行成績から見た収益力は高く、『ワンダーウーマン』は純粋なエンターテインメント映画で、従来とは異色の女性のヒーローを題材としたにもかかわらず、その優れたストーリーテリングにより、性別を超えてヒットした作品となったそうです。

この話から学べることは、人種、あるいは人種間の文化の差を超えて、そして多様化する現実の社会で生活している消費者・ユーザー・観衆・聴衆を感動させ共感を呼ぶには、はっきりとしたメッセージ、「意味」「世界観」を伝えるストーリーテリングがますます重きを増している、ということではないでしょうか。

Chapter3で言及した日本のロックグループ、ワンオクロック（One OK Rock）は、早い時点で世界に通用するバンドになることをビジョンとして掲げています。そして、最近では、北米ツアーに加えて、2017年と2019年に多数の都市を訪れるヨーロッパツアーを行なっています。2017年には、12か国（スイス、チェコ、ポーランド、フィンランド、スウェーデン、ノルウェー、デンマーク、英国（3か所）、ドイツ（3か所）、オーストリア、オランダ、フランス）で計16回の公演、2019年には10か国（英国（2か所）、オランダ、ドイツ（3か所）、ポーランド、オーストリア、ハンガリー、チェコ、イタリア、スイス、フランス）で計13回の公演を行ないました。2019年のツアーでは、北欧4か国を落とし、その代わりに1回目のツアーで行かなかった2か国をリストに加えています。

ただ、ドイツでは両年ともに3回の公演を行なっています。日本では1回の公演に数万人の聴衆を収容できる大規模なドーム、アリーナで行なうのですが、欧米のライブ公演では多くて数千人といったはるかに小さな規模での演奏です。ライブ公演では、聴衆の心をつかみ、共感を呼ぶことがその成功の要。まさに、ドラッカーがいうように、聴衆が見て、考えて、信じて、

欲するものを事実として受け入れる必要があるので、満遍なく世界中をツアーするのではなく、聴衆の数が少なくても、そのバンドの音楽に共感する聴衆がいる市場を理解し、そこで演奏する、というのがここでの戦略と読みとれます。

　このバンドの演奏する歌詞は英語と日本語のミックスですが、その歌詞のメッセージの「意味」と「世界観」が国境を越え「共感」を呼んでいるのでしょう。[†12]

† 12　"Taka Moriuchi of One OK Rock," by Rob Sayce, *Rock Sound*, June 15, 2018 に紹介されたインタビューに依拠します。

Chapter 12

共感と未来のマネジメント

[redacted]

マネジメントは何よりも
結果を出すことに責任がある。[†1]

——Peter F. Drucker

これまで、Chapter2ではビジネスの目的とビジョンについて述べ、Chapter3ではすでに起こった未来の洞察を行ないイノベーションの糸口を探りました。Chapter4からChapter6ではデザイン思考を導入して、新しい意味を創る方法を考察し、Chapter7では、その問題点について言及しました。

その後Chapter8からChapter11では、そこまでの直感的なアプローチから分析的なアプローチに移行して、新たに創られた意味と世界観からビジネスを起こすための枠組みを提示しました。ここまでに提示された部品・材料から統一性のあるひとつの「模型」を組み立てていきます。

共感と未来を生む経営モデルの前提条件

現代の多様化した世界の市場で共感を生むための経営モデルの前提条件は、マネジメントがこの多様性を十分に理解する資質をもち、理解しようと努め、そして実際に理解している、ということになります。

グローバリゼーションが進展しているとは前章で述べました。グローバリゼーション時代のマネジメントは、さまざまな変化がいろいろな国々・地域で起こり、刻々と起こるそのさまざ

†1　Peter F. Drucker, 1973, ibid.

まな状況を把握していかなければならない、そして自国の顧客だけでなく、いろいろな国・地域の顧客を知り、対応していかなければならない、さらには、従来とは異なった形での人と人のつながりが起こっているという状況の中で、意思決定をしていかなければいけないのです。

情報の伝達についていえば、顔を突き合わせての昔ながらのつながりもありますが、eメールに始まり、ソーシャルネットワークなど、今までまったく面識のない、他国の知らない人とつながりができるケースも最近ではあるわけです。そして、その中で共感を生むためには、マネジメントはやはり**観察力**が鋭くなくてはいけないでしょう。

とにかく**好奇心**をもって、いま何が起こっているのか、これから何が起こるのだろうか、と問いながら、どんな些細なことでも観察できる力がいるのです。そして、深い思考、言い換えると、表面的な事象ではなくて、そこから何がいえるのだろうか、本質的なところで何かが起こっているから、そういう表面的な事象が見えるのだ、そうした**洞察ができる力**も必要です。そして、**多様性に対する柔軟性と適応性**がますます重要になってきます。

さらには、**聞く耳**です。いろいろな人がいるわけですから、自分の一方的な考え、発言だけでは、こうした状況に対応できなくなってきます。ですから、**対話力**もグローバリゼーションの時代のマネジメントにとっては重要な資質となってくるでしょう。

図25は図16（１５１ページ参照）で示した目的・ビジョン・戦略を、グローバリゼーションが進んだビジネス環境下でマネジメントしていく上で、言い換えると、さまざまな変化・人々・

つながりをマネジメントしていく上で不可欠な経営者の資質をまとめたものです。このような資質が、従来の枠・境界を超えて、世界で共感を創るための前提条件です。そして、この資質はデザイン思考を組織内に組み込むための資質でもあることを同時につけ加えておきます。

　Ｃｈａｐｔｅｒ５からＣｈａｐｔｅｒ７で述べたように、デザイン思考は企業組織の「外側の声」を聞き、そこに洞察を加え、課題を再定義していき、既存の仮定と主流の論理を変えたらどうなるかという視点から、新しいアイデアを創出していくプロセスです。私がこれまで受けもった高校生・大学生・ＭＢＡ・大学院生・社会人・企業研

図25　共感と未来のマネジメント

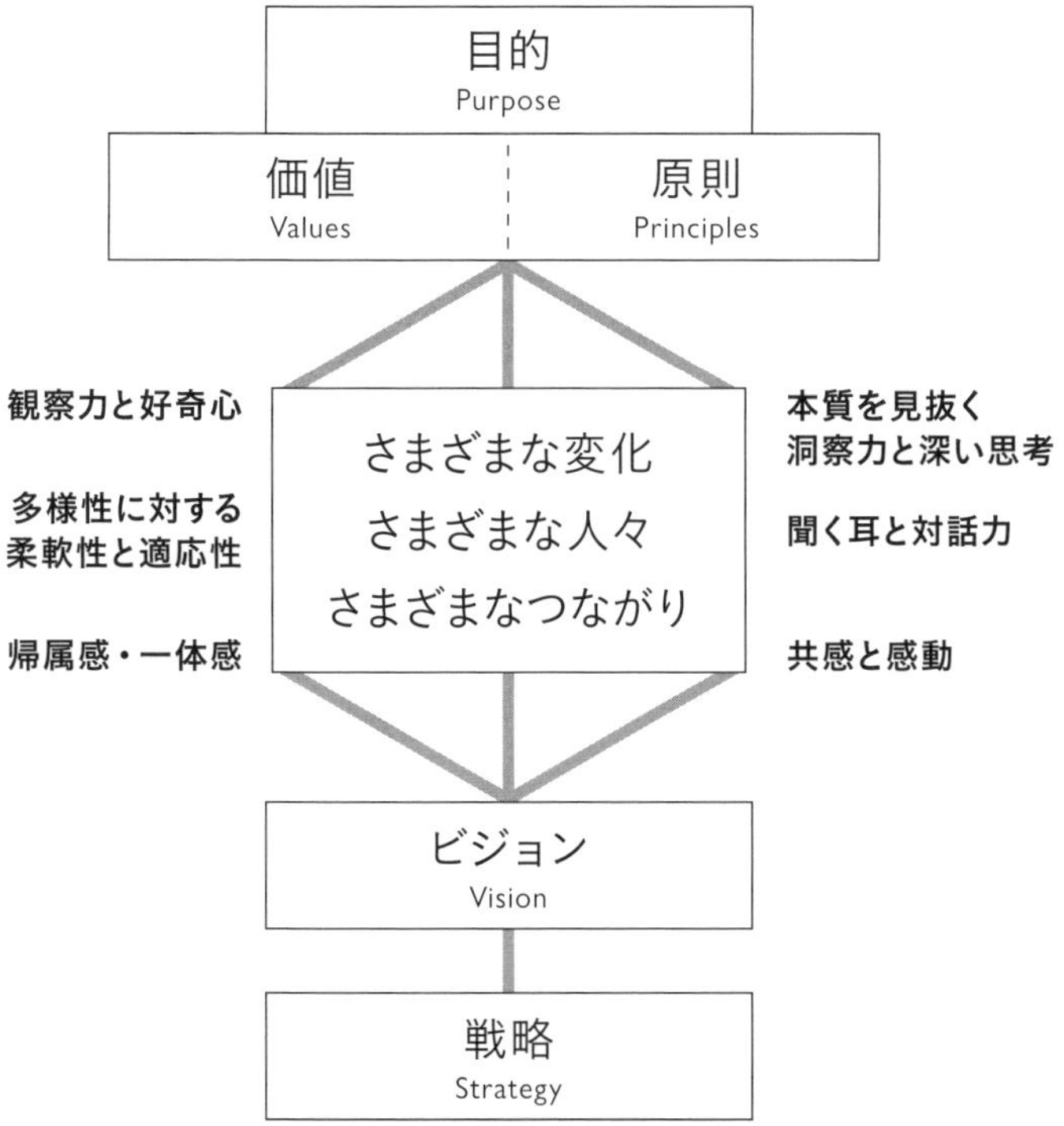

修・エグゼクティブ向けのプログラムの体験からいうならば、この思考方法を成功させ結果を出すには、好奇心、観察力、本質を見抜く洞察力、聞く耳とコミュニケーション能力をもち、人との共感をもつことができ、そして進歩的な考えを理解でき、さらには椅子から立ち上がって積極的に活動する人材が必要不可欠となります。

どのような新しい発想に対しても常にアレルギー反応を起こすタイプの人は、どんな立場にいようとも、残念ながらデザイン思考には不向きといわざるを得ません。ましてや、デザイン思考を既存の組織内で取り入れていくには、企業のカルチャーに大きな変革を起こす覚悟をもつ必要も出てきます。

デザイン思考を企業のシステム優位性に結びつける

共感と未来を生む経営モデルが成功するために越えなければならない2番目のハードルは、マネジメントそのものです。マネジメントそのものがハードルになりかねないとは一体どういうことでしょうか？

ある大手企業の例を紹介しましょう。この企業は米国に本部を置く多国籍企業で、世界各地で事業活動を行なっています。２０００年代はじめにはすでにデザイン思考のアプローチを本

社で取り入れ結果を出してきました。その成功をもとに、世界各地の支社にデザイン思考のアプローチを取り入れてイノベーションを起こすようにと指令を出すものの、世界各地域に点在する支社にはそれぞれの国あるいは地域特有のビジネス環境、人材雇用・育成制度、昇進制度、文化的背景の違いにより、そう簡単にデザイン思考が根づかない事情があります。

そのため、支社レベルではデザイン思考の講習、ワークショップなどが頻繁に行なわれているし、実際の業務にも形式上取り入れられているのだけれども、思うような結果がイノベーションとして出ていないのです。この企業の場合には、デザイン思考うんぬんの問題よりも、図16で表した目的、ビジョン、戦略がはっきりと簡単な言葉で企業内に伝わっていない、という印象をヒアリングから受けました。[†2]

Chapter8のはじめにドラッカーの「戦略とはあなたにとっての希望ではない。戦略とはあなたにとっての仕事である」という引用をしましたが、この引用が意味することは戦略はビジョンではないし、夢ではないということです。

戦略はすでに述べたように目的とビジョンを達成するための重要な仕事なのです。つまり、デザイン思考が明確に戦略に反映されず、さらに、戦略の重要性が組織全体に浸透していない場合には、デザイン思考うんぬんではなく、戦略の構築と実行のマネジメント上の問題となるのです。

もう一点重要なのは、デザイン思考をアドホックに既存のモデルに導入しても、持続的な成

†2　これは、日本の企業にかぎらず、欧州の企業でも観察されています。デザイン思考を既存のビジネスに導入する際の課題です。この点についてはMartin Kupp, Jamie Anderson, and Jörg Reckhenrich, “Why Design Thinking in Business Needs a Rethink,” *MIT Sloan Management Review*, Fall 2017を参照。

果は得られないという点です。デザイン思考を導入する場合には、図16で示したように、その意図が企業の目的にもビジョンにも明確に反映される必要があります。すなわち、デザイン思考をシステムに組み込み、総合的なシステム優位性（system advantage）を築くことが必要となります。

Ｃｈａｐｔｅｒ10のビジネスモデルの落とし穴という節で取り上げたＺＡＲＡをもう一度参考にしてみましょう。ＺＡＲＡのモデルが成功して結果を出している大きな理由は、ＺＡＲＡの競争優位性がサプライ・チェーンだけにあるのではなくて、クリエイティブ・チームの活動、スペインでの製造、垂直的統合などを含めた諸活動がバリュー・チェーンの中で統合され、その結果として、システム優位性をもっているからといえます。その一方で、フォーエバー21はＺＡＲＡのような統合されたシステム優位性を構築していなかったようです。

これと似たシステム優位性の例では、デルが企業向けにＰＣの直接販売システムとジャストインタイム生産システムを導入して成功したとき、競争相手のＰＣ各社は直接販売だけがデルの競争優位性の源と理解して直接販売を導入しました。ところが、どの企業の直接販売も期待された結果を出せず、どっちつかずの中途半端で終わったという事例があります。

つまり、新しいモデルで成功した企業の競争優位性がバリュー・チェーン全体から築かれたシステム優位性に基づく場合、システムの一部だけを切り取り、それを既存の別のモデルに貼りつけただけでは、よい結果を出すことは難しいということです。デザイン思考の場合も、こ

の例と類似点があります。つまり、デザイン思考が結果を生むためには、デザイン思考を企業のシステム優位性に結びつけることが重要なのです。

企業の内部と外部、そして未来との整合性

本書で提案する「共感と未来を生む経営モデル」が結果を出すためには、3つのポイントを確認する必要があります。

①企業内部の整合性

ここまで、企業の目的とビジョン、新しい世界観と意味を創るための概念、未来へのビジョン、そしてそれらを達成するための戦略が企業内で一貫していることが重要だと述べてきました。そして、このプロセスのマネジメントには図25のような資質が経営者に求められていることを明示しました。つまり、目的達成のための戦略が機能するための最初の条件は企業内部で、一貫性が貫かれていることです。デザイン思考のアプローチを導入する場合には、事業開発だけでなく、デザイン、オペレーション、マーケティング、R&D、人材育成から、本社のマネジメントにいたるまでの理解と整合性が必要です。言い換えると、スタートアップの小規模企

業ではデザイン思考はむしろ導入しやすい、といえます。

②企業の外部環境との整合性

2番目の整合性は、企業が直面する外部環境との整合性です。Chapter9で述べたように、企業が置かれた市場・産業のある一時点での構造を知ることは重要ですが、それと同等かさらに重要なのは、その構造がどのように変化してきているのかを知り、その要因を理解することです。企業の戦略が、変化する外部環境と整合していない場合には、戦略の調整を必要とします。

③未来との整合性

企業にとって必要とされる3番目の整合性は、すでに起こっている未来との整合性です。Chapter2とChapter3で述べたように、さまざまな分野（たとえば、社会、経済、環境、技術、政治）で地殻変動が起こり、未来がすでに起こっている場合には、従来とは異なった対応を素早くとる認識と判断が必要とされます。足元で起こっている地殻変動が自分には及ばないと考えて、企業の目的・ビジョン、そして戦略をすでに起こっている未来と整合させないのでは、未来が実際に到達したとき、その企業にとっての未来は寒々しい風景となるでしょう。

図26　目的、価値、未来、共感、世界観、ビジョン、戦略のマネジメント

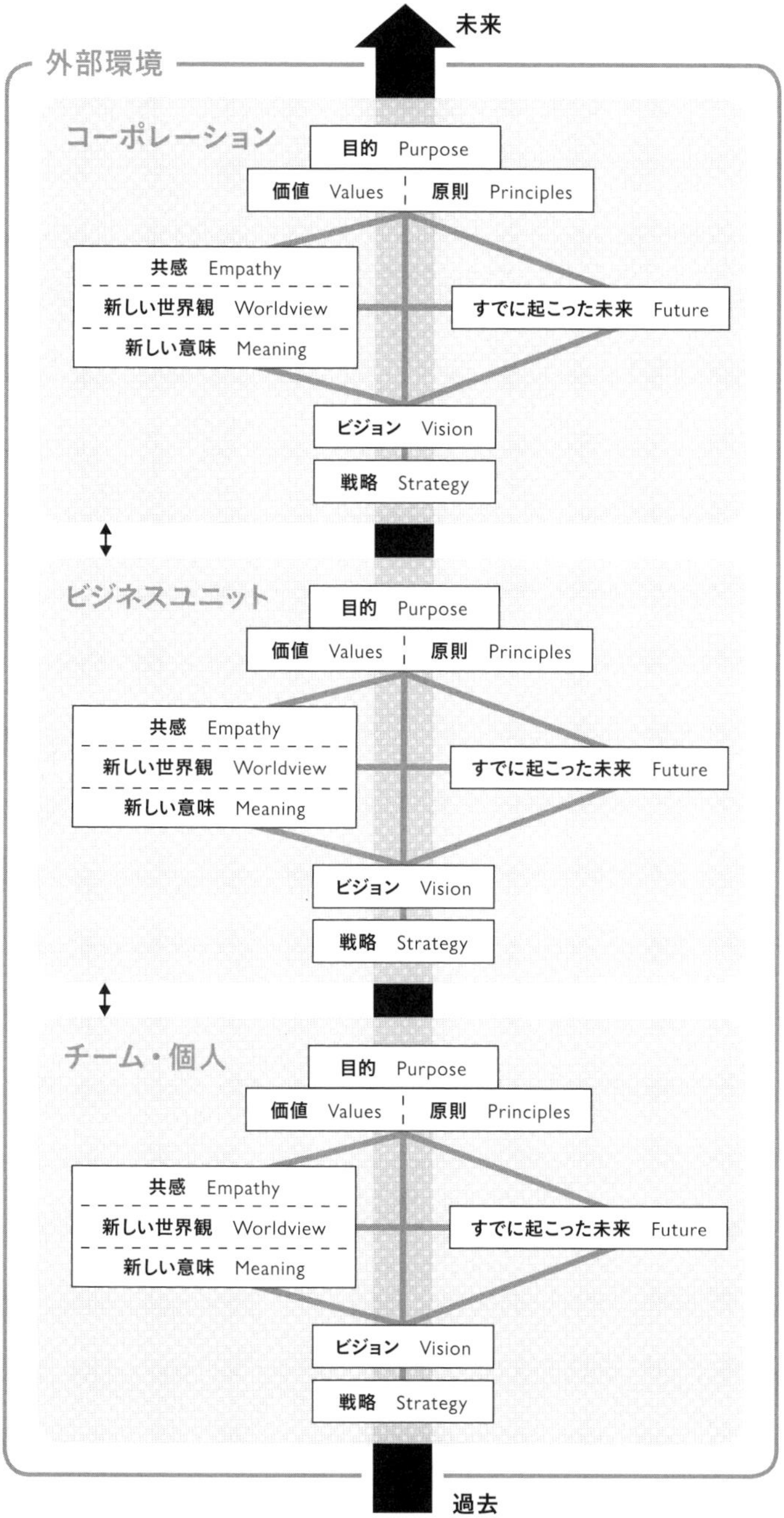

図26は以上の3点を図式化して表したものです。既存の企業の3層、コーポレーション（本部）、ビジネスユニット（戦略部門）、そしてチーム・個人の間で、図16で要約した企業の目的・価値・未来・共感・世界観・戦略が一貫している（企業内部の整合性）、この企業が直面する外部環境とこのモデルが整合している（企業の外部環境との整合性）、そして、コーポレーションのマネジメントが見る未来とビジョンが、各層に明確に伝わる（未来との整合性）状態を示しています。さらには、マネジメントは、ビジネスユニットとの整合性、ビジネスユニットはチームとの整合性をマネージしていく必要があります。

まとめ

図26のモデルにいたるまでに、本書では、いくつもの問いを投げかけてきました。最後に、これらをまとめて本書の締めくくりとします。

①**目的**「私たちのビジネスは何か？」

②**未来**「何が社会・経済・環境・技術・政治の分野で起こっているのか？」

「どこで変化が起きているのか？」

「その変化がどのような意味をもつのか？」

「すでに起こった未来は何か？」

③共感「顧客はどのような体験を現実にしたのか？」
「顧客は何を見て、何をするのか？」

「顧客は何を考え、何を感じるのか？」

「これから何が洞察できるのか？」

④新しい意味「もし、すべてが可能だったなら？（What if?）」
「何が従来と違う新しい意味なのか？」

⑤新しい世界観「もし、すべてが可能だったなら、どのような世界、パラダイスが考えられるのか？」
「私たちの夢は？　新しい世界は？」

⑥ビジョン「私たちのビジネスは何になるのだろう？」
「私たちのビジネスは何になるべきか？」

⑦戦略「どのように目的とビジョンを達成するのか？」
「どのようなモデルで実行するのか？」

「どこで競争しないのか？」

⑧マネジメント「目的・ビジョン・未来・共感・戦略は明確か？」
「目的・ビジョン・未来・共感・戦略は整合的で一貫しているか？」

そして、これらの問いの関連性については図5（51ページ参照）、図16（１５１ページ参照）、図23（２１１ページ参照）、図25（２４９ページ参照）、図26を参照してください。特に図16で強調したように、「目的－ビジョン」は応接室の壁にただ掛けておく飾り物ではありません。それが未来へ向かうための軸なのです。

そして最後にもう一度繰り返しますと、この本が強調したいことは、**「気づく」「創造する」「共感を呼ぶ」、そして「実行する」**です。

おわりに

私には２人のヒーローがいる。ひとり目はもちろんシュンペーターだ。私は毎日、彼が住んでいた家に散歩に行く。２人目はドラッカーだ。私がハーバードのＭＢＡの学生だったときに、彼の本を読んで体が震えるほど感銘を受けた[†1]。

——Frederick. M. Scherer

ここまで読まれた方はすでに気がつかれたと思いますが、この本で紹介した事例、特にデザイン思考の事例は消費者・顧客・ユーザー・旅行者・観衆・聴衆・ティーンエージャーなどの目線から彼らが興味をもつことに焦点を合わせています。

そのため、どうしても消費財あるいはサービスの例が多くなっています。本文でも述べましたが、デザイン思考の概念は消費財だけでなく、中間財にも適応するということを、誤解のないように、ここであらためて記しておきます。

また、この本では、デザイン思考に焦点を合わせたために、日本の産業がもつ「もの造り」

†1　Chapter 9 の注 11 参照。ハーバード大学ケネディスクール（公共政策大学院）名誉教授。経済学者。2012 年 2 月の彼との会話から。

の優位性については深く触れていません。もちろん、デザイン思考から新しい「意味」と「世界観」を創り上げ、それをある製品に委ねるには、「もの造り」がもたらす品質・機能・耐久性などの客観的な意味抜きでは、よい結果を生むことができないのは本文で述べたとおりです。

繰り返しますが、この本では、「もの造り」を否定しているのではなく、デザイン思考は「もの造り」と一緒に進行するものと考えています。言い換えると、「もの造り」の土台があってこそ、新しい「意味」と「世界観」が実を結ぶでしょう。

また、この本は、米国流のデザイン思考をそのまま日本の企業に導入することを推奨しているわけではありません。みなさんがよくご存知のように、米国の企業、特にシリコンバレーの企業では、企業文化、組織、労働市場と人的資源、そしてビジネス環境が日本の企業を取り巻く状況とは大きな違いがあります。ですから、米国流のデザイン思考を既存企業に取り入れるには、組織そしてマネジメントの改革が必要となります。

これは日本のもつ課題なのですが、もしこのような改革がどうしても無理、不可能、ＮＧである場合には、デザイン思考の本質である新しい「意味」と「世界観」をいかに創り上げていくのかを、マネジメントは自問してみてください。**米国流のデザイン思考のアプローチではなくとも、新しい「意味」と「世界観」を考える方法はある**と私は思います。

それを、日本の誇る「問題解決のための発想」と「もの造り」と組み合わせれば、革新的な方法を構築できるのではないでしょうか。しかし、その場合でも、マネジメントは図25で表し

たような人材を育成することがプライオリティとなることを、いま一度ここに記しておきます。

デザイン思考が、特に米国でこの15年ぐらいの間に脚光を浴びているのは、速い速度で変化し、多様化した社会で新しい「意味」と「世界」を創り、大きな結果を出してきたからだと、この本では述べました。その裏にあるのは、一般的にいって、米国企業の従来のマネジメントは「戦略」にその焦点を合わせ、「人間中心」ではなかったことに由来したのではないかと考えられます。

その一方で、日本の企業は「もの造り」と「問題解決のための発想」に焦点を合わせ、「戦略」は二の次だったという仮説が成り立つかもしれません。これはあくまで、印象派的な仮説ですが、もしこれが正しいとすると、日本の企業にとって、今こそ必要なのは、この本で強調した「目的」、「ビジョン」、そしてそれを達成するための「戦略」ではないでしょうか。

この本では、非営利組織におけるデザイン思考の例を紹介する機会がありませんでした。ロサンゼルスにある美術館のゲッティー・センターが創設した美術館・博物館のディレクター向けのゲッティー・リーダーシップ・インスティテュート・プログラム（GLI Program）と、将来ディレクターになる幹部候補生向けのネクストジェン・プログラム（NextGen Program）で、私は２０１５年から３年間６回のデザイン思考と戦略のコースを担当しました。

世界中の美術館と博物館のディレクターと将来有望な人材が集まる両プログラムのデザイン思考のコースでは、「美術館・博物館の訪問者の体験を高めるためのアイデアの創出」「ＬＡ

２０２８オリンピックを訪れる人たちにロサンゼルスのアートシーンを紹介するためのアイデアの創出」、そして「ゲッティー・センターの訪問客の体験を高めるためのアイデア創出」などのプロジェクトを行ないました。また、この美術館・博物館向けのプログラム以外にも、パサデナの公共ラジオ放送局の聴衆を増やすためのプロジェクト、アートマネジメントのプロジェクトなどの非営利組織を対象としたデザイン思考と戦略のプログラムに参加する機会がありましたが、そこでもデザイン思考は結果を生むのに有効な手法であったと一言報告しておきます。

私の在籍するドラッカースクールで実際に観察した事実についてお話ししましょう。この章のはじめに引用したシェラー教授の昔話とは違い、米国の若いＭＢＡの学生でドラッカーの本を読んだことのある人は少ない、といっても過言ではないと思います。ドラッカースクールに入学する米国人の学生についても、これは事実です。

これは冗談ではなく本当の話ですが、20年ほど前ＵＣＬＡのアンダーソン・マネジメントスクールからドラッカースクールに移籍したときに、**ＵＣＬＡの米国人のＭＢＡの学生から、「ドラッカースクールのピーター・ドラッカーって誰ですか？　多額の寄付をした人の名前ですか？」と聞かれて唖然**としたことがありました。

これは特別な例かもしれませんが、多分、これが現代の米国のＭＢＡの学生がドラッカーに対してもつ認識なのでしょう。その一方で、**ＭＢＡから梯子を登り、マネジメントのポジションに到達するころ、そして、さらに頂点に登りつめ、ポジション名に「Ｃ」がつくころになる**

と、突然、ドラッカーの哲学がポピュラーになる、という事実も記しておく必要があると思います。

　つまり、組織のマネジメントに携わるリーダーになると「マネジメント」を広い視点でとらえる先見性、そして「人間」を深く理解することの重要性、そして「目的」と「ビジョン」を明確にすることの必要性、がドラッカーに目を向けさせるのかもしれません。

　最後になりますが、本書のChapter1の注12で紹介しましたように、世界で注目あるいは再び注目を集め始めている日本の企業・製品・サービス・ブランドが最近増えてきています。ビジネススクールで使われるケースは、あくまで授業で議論を進め、概念を導入することを目的として記述されており、ケースで紹介されている企業のマネジメントが「効果的（effective）であるか非効果的（ineffective）であるか」を示すことを目的としてはいません。

　また、それぞれのケースはケースライターが強調したい学習の要点が議論から浮き上がるように書かれていますので、ケースは往々にして、その企業が抱える問題が明らかになるようにデザインされています。このことを念頭に置きつつ過去3〜4年の間に書かれたハーバードのメインケースを見ると、テッセイ、アシックス、富士通、IGS／GROW、リクルート、ソニー、ホンダジェット、LIXIL、MUJI、ラクスルなどの日本企業・ブランド・製品・サービスが含まれています。

　これらの日本の企業・製品・サービス・ブランドが、現在直面する課題を克服し、今後、持

続的な成功を収め、さらに新しい企業・製品・サービス・ブランドが日本から世界に巣立っていくことを願って、本書を終わりたいと思います。

本書で引用した事例、挿話は私がドラッカースクールとアートセンターのプログラムで担当したコースのほかに、他大学で受けもったコース、企業向け・非営利組織向けのプログラム、さらに種々多様なプロジェクトで得た学び・気づき・情報・データをもとにしています。アートセンターとのプログラムで私と共同ディレクターを務めるアンディ・オグデン氏、そのパイロットプログラムの実験台、〝ギニアピッグ〟となってくれたエンターテインメント・デザインのトーマス・ベルトリング氏、ドラッカースクールとのコラボレーションの初期段階でお世話になった、当時トランスポーテーション・デザインとアドバンスト・モビリティ・リサーチのジェフ・ウォードル氏には深く感謝いたします。

また、私が２００３年３月にアートセンターに「出入り」するきっかけをつくっていただいた、当時トランスポーテーション・デザインの学部長であったケン・オクヤマ（奥山清行）氏にも、この場を借りて深く御礼いたします。

ドラッカースクールではＭＢＡとエグゼクティブ向けのデザイン思考と戦略のコースを担当していますが、日本では、早稲田大学のビジネススクール（大学院経営管理研究科〈ＷＢＳ〉）で、２０１５年よりＭＢＡ向けのデザイン思考と戦略の集中講義を英語で夏学期に開講しており、日本のＭＢＡの学生と対話する機会をもっています。このような機会をつくっていただい

たＷＢＳの前ディレクターの根来龍之教授と研究科長の淺羽茂教授には、重ねて感謝いたします。

慶應義塾大学の湘南藤沢キャンパス（ＳＦＣ）では特別招聘教授として、学部学生向けの集中講義を担当する貴重な機会を２０１６年から4年間もつことができました。ＭＢＡとは違う学部生の新鮮で柔軟な思考（しかも、私と履修学生との年齢差が毎年開いていきます！）からはいつも「学び」があります。当時総合政策学部長であり、デザイン思考の科目を開講することにご尽力いただいた河添健教授に深く感謝いたします。

東京のアカデミーヒルズで開催した２０１２年のプログラムが、日本での私のデザイン思考の最初のプログラムとなりました。その後、ヒルズ・イグニッション・プログラム（ＨＩＰ）では２０１６年から3年間、日本の講師陣とともに、起業家向けのプログラムを担当する機会を与えていただいたことを感謝いたします。森ビル・アカデミーヒルズの熊田ふみ子氏とプログラム事務局の中村真理子氏には大変お世話になりました。

元三菱電機アメリカ社長兼会長・株式会社イースクエア創業者の木内孝氏並びにイースクエア社長の本木啓生氏からは日本企業が模索しているサステナビリティの新しい「意味」と「世界観」の実例について多くを教えていただきました。ここにあらためて感謝いたします。

この本で強調した「意味」については、元米国松下電器会長・グローバル戦略研究所長の岩谷英昭氏との幾多にわたる会話の中で、特に松下幸之助の哲学と「意味」の重要性に関する多

くのエピソードを教えていただきました。そして、元パナソニック・アプライアンス社事業開発センター所長の清水雄一氏からは、やはり長い時間の会話を通して、新製品導入の際の「意味」の重要性について多くを学ぶことができました。ここに、あらためて両氏に感謝いたします。

早くから日本でデザイン思考を紹介しているアイリーニ・デザイン思考センター並びに慶應義塾大学博士課程の柏野尊徳氏とは日本におけるデザイン思考の展開について多くの議論をもつことができました。彼にはデザイン思考の実証分析による新しい発見を期待しています。

20年以上にわたり経済学の枠の中で仕事をしてきた私を２００３年に「異業種」であるデザインの分野に向かわせたのは、ひとりの学生から受けたイノベーションについての質問でしたが、パサデナのアートセンターの扉を叩くきっかけをつくってくれたのは、サンタ・バーバラに住む友人の写真家ジェシー・アレクサンダーでした。当時の私が抱えていた課題は“What will be my business?”で、自分のビジョンが定まらず、その模索をしていました。

ジェシーとは２０００年ごろから、カーピンテリアの海岸沿いのサンタ・クロース（！）通りにあるガーデン・マーケットでいくどとなく話し込み、彼の話を聞きながら、自分にとって本当に何がしたいことなのかを模索するという状況が続きました。そうするうちに、「人間の喜怒哀楽」を映す「感性」が「共感」を呼ぶという彼の話が頭に残り、新事業を創るプロセスにこの視点を取り入れ、それを戦略に組み込みたいと考えるようになったのです。それならばアー

トセンターに話をしたらと、アートセンターに多くの知人をもつジェシーに背中を押され、２００3年の3月にその扉をくぐることになりました。あのとき彼との会話がなければ、この本はできなかっただろうと思い、ここに深く感謝する次第です。

　デザイン思考では「異業種」から「気づく」ことがひとつの重要なポイントですが、もうひとつ私が個人的に重要と考えるポイントは「雑学」から「気づく」ことです。２０１０年以来、欧州各地を1万５０００キロ以上、古い車で移動した際に、「雑学」の話を聞かせていただいた元シェル石油の田中正士氏からは多くの「気づき」を貰うことができました。ここにあらためて感謝いたします。

　東洋経済新報社の黒坂浩一氏とは、２０１７年にドラッカースクールではじめてお会いしました。その際に、彼にロサンゼルスで何を見ましたかと聞いたところ、「ＵＣＬＡの校舎の中に1時間座って、何人アジア系の学生が目の前を通るか数えました。とてもアジア系の学生が多いのでビックリしました」との答えが返ってきました。日本からわざわざロサンゼルスに来てこのような実証をする人は極めて珍しい（！）ので、印象に残りました。そして、それがこの本を書き出すきっかけともなりました。

２０２０年3月　クレアモントにて

山脇　秀樹

【著者紹介】
山脇秀樹（やまわき　ひでき）
慶應義塾大学経済学部卒業、同大学大学院経済学修士課程修了。1982年にハーバード大学経済学博士号取得（Ph.D.）。ハーバード在籍時の指導教授は、マイケル・ポーターの指導教授と同じリチャード・ケイブス。1982年より旧西ドイツ国立ベルリン社会科学研究所上級研究員、1990年よりベルギーのルヴァーン大学経済学部教授。1995年よりカリフォルニア大学ロサンゼルス校（UCLA）アンダーソン・マネジメントスクール客員教授を併任し、2000年よりカリフォルニア州クレアモントにあるピーター・F・ドラッカー経営大学院教授。2006年度より同校副学長、2009～12年度に学長を務める。欧米のビジネススクールにおける初の日本人学長。

戦略の創造学
ドラッカーで気づき デザイン思考で創造し ポーターで戦略を実行する

2020年5月7日発行

著　者――山脇秀樹
発行者――駒橋憲一
発行所――東洋経済新報社
〒103-8345　東京都中央区日本橋本石町 1-2-1
電話＝東洋経済コールセンター　03(6386)1040
https://toyokeizai.net/

装丁・本文デザイン……新井大輔
DTP……………………アイランドコレクション
印　刷…………………図書印刷
編集担当………………黒坂浩一

Printed in Japan　ISBN 978-4-492-53423-6